AI와 글쓰기

AI를 활용한 글쓰기 집중교육

AI와 글쓰기

시드니 도브린 지음
최용찬 옮김

앨피

차례

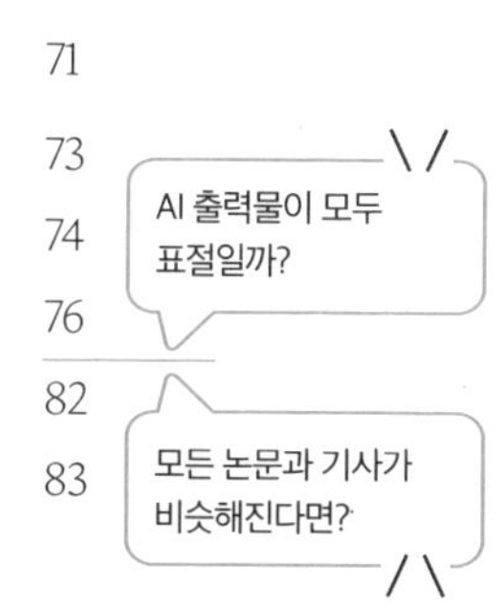

2부 기회와 응용

검사기 없이 글을 쓴다면?

글쓰기 과제가 '글쓰기' 프롬프트?

3부 도전 과제

AI의 편향에
동조한다?

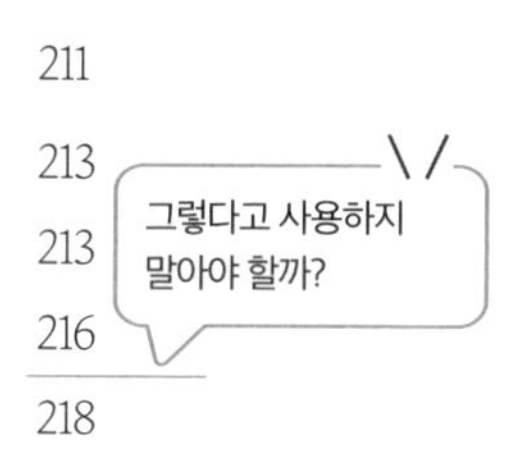

머리말

지난 80년 동안 공교육의 글쓰기는 크게 변하지 않았다. 솔직히 그럴 필요가 없었다. '글쓰기 과정'이 등장하면서 글쓰기 교수자는 학생들에게 글쓰기 과제를 체계적으로 수행하는 모종의 공식을 제공해 주었다. 개인용컴퓨터와 워드프로세서 및 위키피디아 같은 조사 도구와 같은 다양한 현대 기술의 도입으로 세부 사항들이 일부 변하긴 했다. 그러나 대학 수준의 글쓰기 교육은 여전히 수십 년 동안 이어진 글쓰기 과정과 수세기 동안 지속된 수사적 접근 방식에 초점을 맞추고 있다.

그러나 오픈AI가 챗GPT를 일반에 공개한 2022년 11월 30일, 이러한 상황은 급변했다. 전 세계의 교사들이 전통적인 글쓰기 과정을 쓸모없게 만드는 것처럼 보이는 기술에 직면하게 되었기 때문이다. 거의 모든 형식의 독창적인 글을 작성할 수 있는 것처럼 보이는 생성형 AI, 곧 챗GPT가 느닷없이 고등교육을 혼란에 빠트렸다. 학생들이 챗GPT에 적응하는 속도는 글쓰기 교사들이 감당할 수 없을 정도이다. 기술은 전통적 글쓰기 과정의 많은 부분을 훌쩍 건너뛰게 진화했는데, 교사들은 오랫동안 이어진 교육 방법을 바꿀 준비가 안 되어 있는 것이 현실이다.

이 책《AI와 글쓰기》는 학생과 교사가 생성형 AI의 작업과 글쓰기 교육을 어떻게 통합할 수 있을지 그 최상의 방식을 고민하고 적용할 수 있도록 안내하고자 기획되었다. 이 책의 목적은 글쓰기 집중 교육용 교재 역할을 하는 것이다. 이 과정에는 초급, 중급, 고급, 특수 분야 글쓰기가 포함된다. 이 책은 생성형 AI를 활용한 교육과정에서 주 교재로 단독으로 사용할 수도 있고, 더 전통적인 내용과 연계하여 보조 교재로 사용할 수도 있다. 이 책의 간학제적 접근법은 '커리큘럼 전반에 걸친 글쓰기'와 '분과적 글쓰기' 프로그램에서 특히 유용하다.

이 책은 생성형 AI 플랫폼을 활용하여 학술적 · 직업적 · 시민적 · 개인적 글쓰기 업무를 완수하는 방법에 관한 유용한 지침을 제공한다. 그러나 특정 플랫폼의 기술적 요소를 가르치지는 않을 것이다. 생성형 AI 플랫폼이 너무 빠르게 등장해서 너무 빠르게 진화하는 상황에서, 책 속에 그러한 지침을 다 담았다가는 삽시간에 책이 폐기되는 상황을 피할 수 없을 것이다. 그 대신에, 다양한 상황에 놓인 학생 필자들을 도울 수 있는 유용한 기술과 플랫폼 소개에 집중하려 한다. 모쪼록 교수나 기관의 AI 사용 정책 범위 내에서 책의 내용이 활용되길 바란다. 실용적인 지침과 더불어, 이 책에서는 글쓰기 생산에서 생성형 AI가 수행하는 역할과 관련된 개념적인 질문 외에 생성형 AI의 이용과 발전에 관한 윤리적 문제를 함께 다룬다.

본문 구성

이 책 《AI와 글쓰기》는 각 장마다 다음과 같은 동일한 체계로 이루어져 있다.

- 각 장의 도입부에서 '학습 목표'를 제시한다.
- 각 장의 목표와 주제를 미리 생각할 수 있도록 '준비 단계'로 넘어간다.
- 각 장의 주제에 관한 '핵심 내용'을 간결하고 이해하기 쉬운 문장으로 제공한다.
- 생성형 AI와 글쓰기를 연결지어 고민해 보는 '도발적인 질문'
- 생성형 AI의 적절성에 대해 생각해 보는 '고민할 거리'
- 생성형 AI와 글쓰기의 관계를 이론적으로 고민해 보는 '개념적 AI'
- '응용적 AI'는 생성형 AI의 강점과 단점이 포함된 생성형 AI 사용법을 익히려는 학생들을 돕는 질문을 던진다.
- '토론'은 생성형 AI에 관한 대화를 나누고 아이디어를 공유할 수 있는 질문을 던진다.

각 장치들은 AI의 도움을 받아 글쓰기를 하려는 모든 이들이 생성형 AI를 신격화하지 않고, 다양한 글쓰기 형태에서 생성형 AI를 활용하는 방법을 배우도록 설계되었다.

AI와 글쓰기, 생성형 AI

이 책에서 줄곧 강조했다시피, 생성형 AI를 활용할 때에는 언제나 투명성과 참고문헌 문제가 가장 중요하다. 이 책도 생성형 AI가 쓴 게 아닌지 의심이 갈 수 있다. 단도직입적으로 말해, 많은 부분이 그렇지 않다. 물론 여러 대목에서 생성형 AI 플랫폼에 중요한 정보를 제시하고 아이디어를 출력하도록 프롬프트(명령어)를 제공했다. 또한, 나의 연구와 독자적인 생각에서 나온 정보의 유용성을 확인하는 데도 생성형 AI를 사용했다. 그러나 그 출력물을 인용하는 경우를 제외하고, 이 책을 구성하는 텍스트 중 생성형 AI의 출력물을 그대로 베낀 곳은 없다.

감사의 글

직업상 오랫동안 글쓰기 및 글쓰기 교육과 관련된 기술의 진화에 대해 연구해 왔지만, 이 책은 결코 나 혼자만의 작업물이 아니다. 여러 동료들과의 지속적인 토론과 협업이 없었다면, 이 책은 빛을 보지 못했을 것이다. 그들의 혜안에 경의를 표한다.

플로리다대학의 라울 산체스, 텍사스공립대학교의 제이슨 크라이더, 테네시대학교의 숀 모리, 뉴사우스웨일즈대학교의 캐스 엘리스, 인디애니대학교 블루밍턴 캠퍼스의 조스틴 호지슨, 미시건주립대학교의 빌 하트 데이비슨, 어도비사의 토드 테일러, 세바스찬 디스테파노, 마누엘라 프란체스키니, 안톤 라이너 스미스, 호주 멜버른공립대학교의 셔먼 영.

더불어 지난 8개월 동안 참여한 AI 주제 관련 강연, 좌담회, TF 및 워크샵에 참석했던 동료들과 학생들의 논평과 질문에도 모두 감사드린다. 여러분의 질문과 통찰력은 소중했다.

브로드뷰 출판사의 편집자 마조리 매더, 스티븐 라타, 데이브 콜필드의 의견과 자극에도 특별히 감사의 마음을 전한다. 콘텐츠 생성에 대한 나의 혼란스럽고 성급한 접근 방식을 참아 준 그들이 없었다면 이 프로젝트 자체가 불가능했을 것이다.

이 책의 많은 부분에 영감을 주었을 뿐만 아니라, 고등교육에서 글쓰기 과목과 글쓰기 교육의 가치에 대해 생각해 볼 수 있는 기회를 준 여러 생성형 AI 플랫폼과 함께 작업할 수 있어서 기뻤다. 마크 저커버그의 말을 인용하기는 싫지만, 정말로 빠르게 움직이면서 사물을 부숴야 할 때가 왔다.

1부 생성형 AI 이해하기

1장 변화

학습 목표

- 새로운 기술이 공동체를 어떻게 바꾸고 있는지를 설명한다.
- 생성형 글쓰기 기술이 의외로 새로운 것이 아니라는 점을 인식한다.
- 글쓰기 기술의 역사와 글쓰기 기술이 초래하는 문화적 공포를 분석한다.
- 개념적 AI와 응용적 AI를 구분한다.
- 글쓰기에서 인간과 기계의 협업이라는 발상을 검토한다.
- 생성형 AI 기술의 긍정적·부정적 측면에 대해 문제를 제기하는 방법을 공식화한다.

준비 단계

이 책은 인공지능과 글쓰기의 관계를 다룬다. 이 관계를 탐구하기 전에 스스로 다음과 같은 질문을 던져 보자. '인공지능'이 무슨 의미인지 제대로 이해하고 있는가? 인공지능은 어떻게 작업하나? 비슷한 방식으로, 자신에게 물어보자. 글쓰기가 어떤 일이라고 알고 있는가? 초등, 중고등 학교에서 글쓰기에 관해 무엇을 배웠는가? 대학에서도 글쓰기를 공부해야 하는 이유는 무엇인가?

핵심 내용

이 책은 생성형 AI의 신기술을 포함하는 인공지능(AI)과 글쓰기의 상호작용 문제를 다룬다. 2022년 11월, 오픈AI가 챗GPT를 출시했을 때, 다른 산업 부문과 마찬가지로 전 세계 고등학교와 대학교는 급격한 변화에 직면한 것처럼 보였다. 이 책은 그 변화에 관한 책이며, 생성형 AI가 유발할 수 있는 도전 과제를 어떻게 해결해 나아가야 할지 고민하는 책이다. 아울러 이 책은 생성형 AI를 어떻게 이해하고 글쓰기에 어떻게 활용할지를 고민한다. 인공지능과 생성형 AI의 작동 원리는 다음 장에서 자세히 들여다보기로 하고, 1장에서는 생성형 AI가 글쓰기 풍경을 '이미' 어떻게 바꾸고 있는지부터 살펴보자.

생성형 AI 소개

인공지능(AI), 구체적으로는 생성형 AI가 우리 교육을 파괴하고 있다는 뉴스나 이야기를 들어 봤을 것이다. 고등학생과 대학생이 AI를 이용해서 에세이 과제를 뚝딱 해치웠다거나, 컴퓨터 프로그램을 만들었다거나, 복잡한 수학 방정식을 풀었다는 이야기를 들어 본 적이 있을 것이다. 아니면, AI가 GMATGraduate Management Admission Test(경영대학원 입학시험)나 LSATLaw School Admission Test(법과대학원 입학시험)를 통과했다거나, 교사들이 학생들에게 요구하는 수십 가지 수행 과제를 마쳤다는 이야기를 들어 봤을 것이다. 그리고 아마도 각 대학들이 오픈AI의 챗GPT, 야스퍼스, 허깅페이스, 미드저니 같은 생성형 AI 애플리케이션을 학생들이 사용하지 못하도록 금지하는 방안을 강구하고 있다는 이야기도 접했을 것이다.

반면에 생성형 AI가 교육에 혁명을 일으키고 새로운 낙원으로 가는 문을 열어 준다는, 앞의 주장과는 매우 결이 다른 이야기도 들어 봤을 것이다. 이쯤 되면 생성형 AI가 글쓰기를 포함해 여러 과제에 접근하는 방식을 어떻게 바꿀 수 있을지 생각해 보지 않은 사람은 없을 것이다. 어쩌면 여러 과제에 챗GPT를 벌써 사용해 봤을 수도 있다.

생성형 AI가 고등교육이 시급히 대처해야 하는 역사상 가장 획기적인 기술임은 사실이다. AI의 등장과 진화가 너무 빠르게 전개되는 바람에 전 세계 고등교육은 생성형 AI와 교육, 생성형 AI와 학습의 관계, 특히 글쓰기를 가르치고 배우는 방법을 서둘러 탐구하기 시작했다.

인간의 답변을 모방하는 고유한 방식으로 프롬프트에 대한 답변을 제공하는 생성형 AI 플랫폼인 챗GPT가 겨우 2022년 11월에 출시되었다는 점을 생각해 보라. 불과 닷새 만에, 백만 명이 넘는 사용자가 챗GPT에 등록했다. 다른 어떤 애플리케이션도 그렇게 짧은 시간에 이런 규모의 이용자 기반을 달성하지 못했다. 그다음으로 이용자를 빨리 모은 애플리케이션이 소셜미디어 플랫폼인 인스타그램

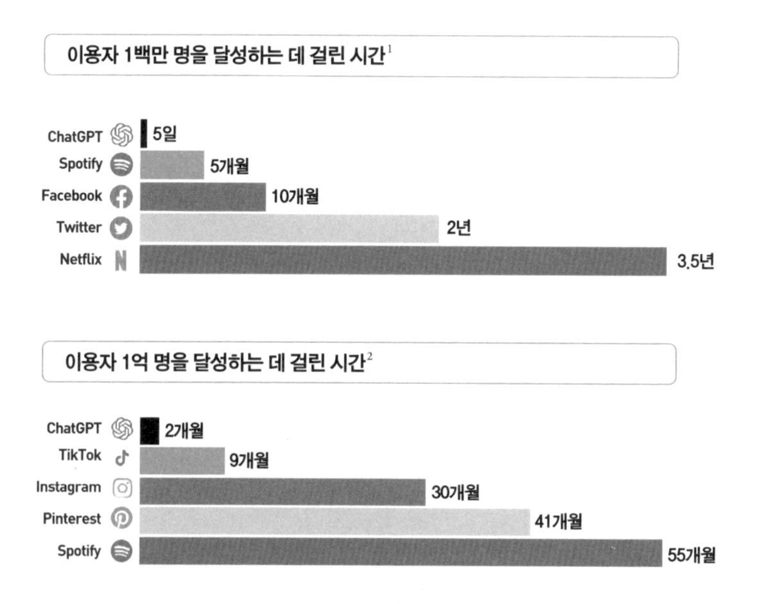

인데, 2011년에 백만 명의 이용자를 확보하는 데 두 달 반이 걸렸다. 이런 식의 빠른 가입 현상은 디지털 애플리케이션에서 전례가 없던 일이다. 그런데 챗GPT 이용자의 상당수가 학생이다.

챗GPT의 인기는 모든 컴퓨터 응용프로그램의 인기를 능가하는 것이다. 인스타그램이 1억 명 이용자를 달성하는 데 2년 반이 걸린 데 비해, 챗GPT는 공개한 지 불과 두 달 만이었다.

생성형 AI와 고등교육에 관한 언론보도가 쏟아지고, 각 대학들은 강의실에서 생성형 AI를 다루는 방법을 두고 협의 중이다. 이런 상황에서 글쓰기 강좌는 생성형 AI와 교육을 이해하는 1차 거점처럼 인식된다. 일부 기관들이 생성형 AI 플랫폼 관련 정책을 마련하고 있지만, 여전히 일부에 불과하다. 많은 사람들이 생성형 AI 기술에 교사와 학생들을 참여시킬 준비가 아직 안 되어 있음을 인정하고 있다. 〈최고의 대학〉에 실린 공개 설문조사에 따르면, 2023년 3월 대학생 응답자의 절반 이상이 교수들이 챗GPT와 같은 생성형 AI에 관해 말한 적이 없다고 답했다.[3]

같은 설문조사에서 대학생 10명 중 6명은 교수나 학교가 AI 도구를 윤리적으로 또는 책임감 있게 사용하는 방법을 설명한 적이 없다고 보고했다. 이 설문에 응답한 학생들의 61퍼센트가 생성형 AI가 일반 고등교육과 자신들의 작업 방식의 일부가 될 것이라고 강하게 믿고 있었다. 〈최고의 대학〉 설문조사에 따르면, 학생들은 생성형 AI의 사용이 증가하리라고 예상하고 향후 학교생활과 직장 생활, 시민 생활과 사생활에서 이 도구를 책임감 있게 사용하는 방법을 배우고 싶어 한다는 것이 드러난다. 이러한 바람을 충족시키는 것이 이 책의 목표 중 하나이다.

글쓰기 자동화 : 새로운 게 아니야!

2013년 12월, 《로스앤젤레스 타임스》는 다음과 같은 짧은 기사를 내보냈다.

"미국지질조사국(USGS)에 따르면, 월요일 아침, 캘리포니아론 파인 지역에서 31마일 떨어진 곳에서 진도 4.7 규모의 얕은 지진이 보고되었다. 지진은 태평양 표준시 기준 오전 5시 39분에 지표면 근처에서 발생했다."[4]

최근에 언론의 주목을 받기 전까지 사람들은 생성형 AI 봇 작가의 쓰임을 잘 몰랐겠지만, AI 작가들은 적어도 10년 동안 우리가 예상하지 못한 분야에서 콘텐츠를 만들고 있었다. 위 인용문은 인간이 아니라 '퀘이크봇'이라고 알려진 인공지능이 작성한 뉴스 기사이다. 미국지질조사국의 감시 및 보고 장치와 연동된 퀘이크봇은 거의 즉각적으로 기사를 생성할 수 있다. 진원지, 규모, 여진 정보 등 독자가 필요로 하는 관련 정보가 정확히 모두 포함되어 있다.

이처럼 AI 작가는 우리가 인식하고 있는 것보다 훨씬 광범위하게 활동하고 있다. 예를 들면, 국제 뉴스 에이전시 《블룸버그 뉴스》는 수년간 제작 콘텐츠의 3분의 1가량을 글쓰기 자동화 기술에 의존해왔다. 《AP통신》도 《워싱턴 포스트》과 마찬가지로 생성형 AI를 사용하여 기사를 작성한다. 《포브스》는 여러 해 동안 생성형 AI를 사용하여 기자들에게 기사 템플릿을 제공하고 있다. 물론 언론계가 생성형 AI의 유용성을 발견한 유일한 직업군은 아니지만, 조사와 집필 작업을 인간이 직접 하고 있다고 여기는 분야에 해당한다. 더욱이 정직성 개념이 중요한 분야이기도 하다(이 문제에 대해서는 3장에서 상세하게 다룬다).

저널리즘과 교육 분야를 넘어, 우리는 온라인 챗봇에서 고객서비스 센터와 통화할 때 응답하는 폰봇에 이르기까지 인공지능 기술과 생성형 AI 기술과 제법 오랫동안 상호작용해 왔다. 심지어 우리가 읽는 대량 이메일조차 생성형 AI 플랫폼에서 작성하는 경우가 많다. AI가 생성한 콘텐츠가 우리의 삶 곳곳에 존재하고 있다. 그런데도 우리는 우리가 읽고 듣고 보는 콘텐츠가 인간이 만든 것인지, 봇이 만든 것인지 모른 채 지나는 경우가 많다.

글쓰기 기술의 역사와 문화적 공포

챗GPT가 생성형 AI와 교육에 관한 공적 대화를 촉발했을 때, 대다수 언론보도는 학생들이 생성형 AI를 사용하여 과제를 수행하고 독자적 학습을 회피하기 때문에 이 새로운 도구가 전례 없는 수준의 부정직한 학업 사태를 초래하게 될 것이라는 우려에 집중되었다. 많은 언론매체들이 교육, 특히 글쓰기 교육은 생성형 AI의 손아귀에서 완전한 절멸은 아닐지라도 위기로 치닫게 되었다고 선언했다.

그러나 기술적인 면만 따지면, 도덕적 위기 운운은 처음 나온 얘기는 아니다. 글쓰기의 생산 및 교육과 상호작용하는 모든 기술이 처음 선보일 때마다 같은 반응이 나왔다. 워드프로세서, 맞춤법검사기, 문법검사기, 인용 생성기, 칠판, 복사기, 볼펜, 연필, 심지어 구식 인쇄기도 똑같은 말을 들었다. 사실, 글쓰기라는 것 자체가 하나의 교육 과목으로 도입될 때부터 사람들은 이 행위가 불러올 도덕적 위기를 우려했다. 우리가 글쓰기가 비록 고전적인 형태이긴 하지만 그것도 엄연히 기술이라는 사실을 간혹 잊어버린다.

2000년 초반에 위키피디아가 출시되었을 때에도 똑같은 우려가 있었다. 대중매체들은 학생들이 "실제 조사"를 수행하지 않고 위키피디아를 유일한 자료 출처로 사용할 것이라는 보도가 넘쳐 났다. 교사와 교육기관은 회의를 열어 학생들이 위키피디아에 접근하는 것을 금지하는 규칙을 교육 계획서에 담았다. 그러나 위키피디아가 도입된 지 10년이 지나자, 교육계의 분노는 사라졌다. 이제는 교사들이 나서서 학생들에게 위키피디아 페이지에 글을 쓰거나 일상적인 글쓰기 과제물로 기존의 위키 페이지를 수정하거나 편집하라고 권하는 실정이다. 독자적인 연구를 시작하는 학생들에게는 위키피디아 문서부터 검토하라고 권한다. 연구를 위한 아이디어를 얻는 방법으로 위키피디아 페이지를 참고하라고 권하고 있는 셈이다. 초창기의 공포 이후, 위키피디아는 대학 교육의 필수적인 일부가 되었다. 최근에는 위키피디아를 엄연한 "교육 도구"로 인식하는 경우도 보았다.

디지털 기술이나 글쓰기 기술을 포함한 모든 기술은 두 가지 수순을 밟는다. 범용화되어 우리가 일하는 방식 안으로 자연스럽게 녹아들거나, 아니면 폐기되는 길을 간다. 가끔은 두 가지 길을 모두 취하는 기술도 있다. 대부분의 경우, 더 뛰어난 기술이 나와서 기존 기술의 유용성을 능가할 때 기존 기술은 폐기된다. 그러나 필요한 목적에 크게 이바지하는 기술은 꽤 오랫동안 범용화된다. 가령, 숟가락을 집어 들고 그것을 놀라운 기술이라고 감탄하는 사람은 없다. 그러나 생각해 보면, 숟가락 제조술은 범용 기술이지만 인류의 문화를 크게 바꿔 놓았다. 이 기술은 사회의 역동성을 바꾸어 놓았다. 그것은 공중보건을 바꾸어 놓고, 예술과 미학에 영향을 미쳤다. 그것은 노동 관행에도 영향을 미쳤다. 다른 기술 발전을 촉진했음은 물론이다.

그런데 기술적으로, 숟가락과 글쓰기는 비슷한 구석이 꽤 많다. 둘 다 고대의 범용 기술이지만, 기술이라고 생각된 적은 드물다. 글쓰기가 숟가락보다 인류 역사에 훨씬 더 지대한 영향을 미치고 의심할 여지 없이 더 많은 죽음을 유발했지만, 둘 다 우리 삶에 너무나 깊숙이 통합된 나머지 우리는 그것이 기술이라는 사실을 쉽게 잊어버린다.

미디어 연구자 그레고리 울머는, 인류의 문화가 구술문화에서 문자문화로 진화하면서 인간과 문화의 기본 토대가 (더러는 좋게, 더러는 나쁘게) 확 바뀌었다고 설명한다. 오늘날에는 인쇄물 읽기, 쓰기 및 커뮤니케이션에 기반한 문자문화에서 탈문자문화나 디지털 문자문화(울머는 "일렉트레이시electracy"라는 용어를 사용한다)로 전환되면서 동일한 상황이 벌어지고 있다. 구술문화에서 문자문화로의 전환과 마찬가지로, 디지털 문화로의 전환은 우리 인간의 정체성에 관한 많은 측면을 변화시킬 것이다. 이것은 실로 거대한 기술철학적 발전이다. 이 점은 생성형 AI에 대한 약간의 우려를 이해하는 데 도움이 된다. 예를 들면, 교육이 우리 부모와 교사들에게 예전과 같지 않을 것이라는 우려 말이다.

사람들은 우리가 가르치고 배우고 성공을 거두는 수단으로 받아들이던 것이 상상조차 하기 어려운 극적인 방식으로 바뀌게 될 것이라고 우려하고 있다. 생성형 AI는 우리에게 이미 편안하게 자리 잡고 있는 기존의 과정을 재고하도록 강요하기 때문에 교육이 위험해 보일 수 있다. 느닷없어 보이지만, 생성형 AI는 우리에게 변하라고 요구하고 있다. 그러나 생성형 AI가 글쓰기를 파괴할지도 모르지만, 어쩌면 새로운 맥락에서 우리의 글쓰기에 활력을 불어넣을지도 모른다. 어느 쪽이든지 간에, 생성형 AI는 우리가 의존하고 있는 근본적인 가치와 관행 중 일부를 다시 생각해 보라고 요구하고 있다.

그렇다고 해서 교육이나 글쓰기나 배움에 대해 우리가 알고 있는 모든 것을 포기해야 한다는 뜻은 아니다. 생성형 AI가 제기하는 문제의식은, 옛것과 새것을 통합해야 한다는 것이다. 즉, 우리가 이미 검증한 접근법을 이러한 새로운 상황에 적용해야 한다는 뜻이다. 이는 우리가 일하고 배우는 낡은 방식 중 일부를 바꾸거나 심지어 포기해야 한다는 의미이기도 하다. 인쇄기, 칠판, 볼펜, 워드프로세서, 계산기, 심지어 위키피디아가 다른 변화와 혁신을 이끌었던 것처럼 말이다.

2022년 11월까지만 해도 AI는 학계의 일부분이었을 뿐이고, 생성형 AI가 고등교육에 미치는 영향력을 점치는 학자(주로 컴퓨터과학 분야)도 소수에 불과했다. 오픈AI가 대중이 사용할 수 있는 챗GPT를 공개했을 때, 주류 언론은 생성형 AI에 대한 (모든 생성형 AI의 일반명사처럼 자리 잡은 챗GPT에 대해) 피상적인 비판을 폭풍우처럼 퍼부었다.

그렇게 격랑의 몇 주가 지나자, 일부 사람들이 교실에서 생성형 AI를 가지고 학생들을 교육시킬 방법에 대한 더 책임 있는 논제로 옮겨 갔다. 비유컨대, 교실에 나타난 '600파운드 무게의 나팔 부는 분홍색 코끼리'(생성형 AI)를 고등교육이 받아들이기 시작한 셈이다.

물론 챗GPT가 글쓰기 선생을 놀라게 한 최초의 기술은 아니다. 그러나 챗GPT는 몇 가지 이유에서 과거의 기술과 근본적으로 다르다. 첫째, 주류 언론이 챗GPT가 교육에 미칠 영향을 다룬 것만큼 고등교육 이야기를 소재로 선정하는 경우는 흔치 않다. 이 보도는 교육자뿐만 아니라 일반 대중의 비상한 관심을 끌었다. 사람들은 교육에 대한 자신들의 애정과 관심 그리고 전망을 앞다투어 알리고 나섰다.

둘째, 챗GPT는 생성형 AI가 전문가나 쓰는 특수 기술이 아니라 범용 기술이라는 사실을 널리 알렸다. 생성형 AI는 구하기 어렵고 사용하기도 어려운 전문화된 기술이 아니다. 챗GPT 측도 이 AI가 영화 수업의 에세이 작성에서부터 컴퓨터공학 수업용 코드 작성, 심지어 GMAT나 LSAT 응시에 이르기까지 광범위한 교육 분야에 쓰일 수 있다는 사실을 전면에 내세웠다. 특별한 기술교육 없이도 누구나 쉽게 챗GPT를 열고 사용할 수 있다는 사실 때문에 생성형 AI의

무한한 잠재력을 인정하게 된 학자들이 많다. 원하든 원하지 않든지 간에, 챗GPT는 생성형 AI를 모든 교사와 학생들의 무릎 위에 딱 올려 놓았다.

2022년 11월 30일 공개된 챗GPT의 모닝콜을, 일부에서 주장하는 것처럼 고등교육의 몰락이나 교육과 학습의 죽음을 알리는 경고음으로 받아들여서는 안 된다. 오히려 챗GPT의 공개 버전 출시는 고등교육과 생성형 AI와의 장기적인 상호작용에 대한 폭넓은 대화를 이끌어 낼 기회를 제공했다고 보아야 한다.

개념적 AI와 응용적 AI

다음 장에서는 인공지능과 생성형 AI가 무엇을 의미하고 어떻게 작동하는지 구체적으로 살펴볼 것이다. 지금 여기서는, 이전까지는 인공지능을 인간의 지능을 필요로 하는 업무들을 수행할 수 있는 컴퓨터 시스템 이론과 그 발전으로 정의했다는 점을 이해해야 한다. 비록 환원적일지라도 이것이 우리에게 친숙한 정의다.

이러한 개념 정의에 따르면, 우리가 인공지능을 어떻게 생각하는지에 대한 두 가지 주요 접근법이 제공된다. 하나는 개념적이라고 부를 만한 이론적 접근법이고, 다른 하나는 응용적 접근법이다. 이에 따라 우리는 인공지능을 두 가지 시각, 곧 개념적 AI와 응용적 AI의 관점에서 생각할 수 있다.

개념적 AI는 인공지능의 파급효과나 결과에 관한 것이다. 개념적 AI는 인공지능이 우리 사회 · 경제 · 문화에 미칠 영향에 관한 질문을 던진다. 글쓰기의 측면에서 보면, 인공지능이 글쓰기를 가르치고 배우는 방법에 미칠 영향이 여기에 속한다. 여기에 더해, 개념적 AI는 인공지능의 진화와 사용을 둘러싼 윤리적 문제와 특정 AI 기술을 더 발전시킬 방법도 다룬다. 개념적 AI는 왜Why라는 이유와 만약What If이라는 예상을 다룬다.

반면에, **응용적 AI**는 인공지능을 일반적이고 특수하게 사용할 수 있는 각각의 방법에 관한 질문을 던진다. 그래서 실용성과 사용법, 새로운 AI 애플리케이션 개발에 중점을 둔다. 응용적 AI는 방법How의 문제에 집중한다.

개념적 AI와 응용적 AI는 동전의 양면과 같다. 두 가지는 AI 기술을 이해하고 만들고 사용하는 데 필수적이다. 인공지능에 책임감 있게 참여하려면, 인공지능의 사용 방법과 예상 문제 그리고 인공지능을 사용해야 하는 이유를 알아야 한다.

인간과 기계의 협업

우리의 글쓰기에 생성형 AI를 활용하는 한 가지 방법은, 인간과 기계의 협업 같은 생성형 AI와의 상호작용에 관해 생각해 보는 것이다. 개별적으로 이루어지는 글쓰기는 없다. 여러 상황에서 우리는 하나의 글쓰기 결과물을 만들기 위해 다른 사람들과 협업한다. 일부 과제는 팀워크를 요구하고, 전문적 글쓰기도 협업해야만 할 수 있는 것이 상당하다. 보통 협업에는 두 가지 기본 목표가 있다. 첫 번째 목표는, 글쓰기 작업을 할 때 다양한 경험과 전문 지식 및 의견을 가져오는 것이다. 두 번째 목표는, 협업하는 팀원들끼리 글쓰기 작업량을 균등하게 분배하는 것이다. 이러한 목표에는 각 필자들과 글쓰기에 유익한 하부 목표들이 포함된다. 즉, 개인의 작업량을 줄이고, 정확성에 대한 관심을 높이고, 글쓰기 과제를 더 빨리 완료하려는 목표 말이다.

협업적 글쓰기는 여러 가지 형태를 취할 수 있다. 예를 들어 보자.

- 주요 집필자가 초안을 작성하면 공동 작업자들이 초안을 수정하는 방식이다. 이는 여러 과학적 글쓰기에서 수행하는 일반적인 접근 방법이다.
- 공동 작업자가 차례로 수정 작업을 수행하는 방식이다. 각자 자신의 내용을 첨가하고, 문서를 다음 작업자에게 넘긴다.
- 공동 작업자가 각자 전체 프로젝트 중에서 개인이 맡을 부분을 구성하고, 한두 명 이상의 필진이 각 부분을 하나의 문서로 편집하는 방식이다.
- 공동 작업자 각자가 개인의 전문 지식이나 합의된 분량에 따라 할당된 업무를 수행하는 방식이다. 예를 들면, 팀원

중 한 명이 기본 연구를 수행하고, 다음 사람이 초안을 수정하고, 또 다음 사람이 편집 및 검수 작업을 하고, 마지막 사람이 최종본을 편집 디자인하는 식이다.

- 팀 구성원 전원이 처음부터 마무리까지 다 같이 토의하고, 계획하고, 초안을 작성하고, 편집하고 수정하는 일까지 함께하는 방식이다.

생성형 AI와 글쓰기에 관한 공적 대화의 대부분은 생성형 AI가 《모비딕》에 대한 에세이 과제를 작성하는 것과 같이, 인공지능을 사용하여 처음부터 끝까지 전체 글쓰기 작업을 완료하는 데 중점을 둔다. 그러나 이것이 유일한 선택지는 아니다. 생성형 AI도 인간 필자와 AI 작가 사이에서 노동 분담을 포함하는 인간과 기계의 협업을 허용한다.

인간과 기술의 협업을 생각해 보라. 자동차 제조업체에서는 자동화 시스템(로봇공학)이 일부 차량 부품을 조립하고, 인간 작업자가 일부 부품을 조립하는 식으로 자동차를 조립한다. 그리고 인간 전문가와 기계 센서가 조립의 품질을 점검한다. 기계와 인간의 이러한 협업 형태는 인간과 기계가 가진 장점만을 취하여 우수한 제품을 효율적으로 생산한다.

글쓰기의 경우에도 생성형 AI와 인간의 협업을 같은 방식으로 생각해 볼 수 있다. 인간과 인공지능이 각각 전문 지식과 노동력을 제공하여 글쓰기를 성공적으로 완수하는 것이다. 이때 인간과 기계의 협업이 지닌 진정한 가치는, 생성형 AI를 단순한 작업 도구가 아니라 우리의 글쓰기 역량을 강화해 주는 잠재적 협업자로 활용할 수 있다는 데 있다. 기계와의 협업은 우리를 일상적인 글쓰기 작업에서 해방시켜 아이디어와 비판적 사고, 문제 해결에 집중하게 만들 수 있다.

인간과 기계 협업의 또 다른 작업 방식은, 동료나 친구 및 가족과 이야기하는 것과 동일한 방식으로 생성형 AI 플랫폼과 아이디어에 대해 '대화'하는 것이다. 실제로 생성형 AI 챗봇은 글쓰기 선생은 해줄 수 없는 방식으로 글쓰기에 대한 통찰력을 제공해 줄 수 있다.

지금 당장은 생성형 AI 플랫폼의 기능이 불완전하다는 점을 기억하자. 생성형 AI가 제공하는 정보가 부정확하거나 편견이 있을 수

학교에서 글쓰기를 가르칠 필요가 있을까?

이제 생성형 AI가 어떤 경우에는 인간만큼 좋은 글을 쓸 수 있고, 우리의 글쓰기 과제를 더 효율적으로 해결하는 데 도움이 될 수 있고, 문서 양식 지정이나 문법 검사 같은 글쓰기 관련 작업을 완벽히 해낼 수 있다면, 고등학교나 대학교에서 글쓰기를 계속 가르칠 필요가 있을까? 신입생이 되면 의무적으로 수강해야 하는 글쓰기 수업이 굳이 필요할까? 생성형 AI가 글쓰기 수업을 쓸모없게 만든 것은 아닌가? 우리의 교육과정 커리큘럼을 재검토해야 하지 않을까?

있다. 어쩌면 고루하고 지루한 반복적인 텍스트를 만들 수도 있다. AI라도 글을 잘 쓰려면 상당한 훈련을 거쳐야 한다. 기계와의 협업으로 성공적인 결과물을 생산하려면, 자동차 제조업의 사례처럼 상당한 인력의 참여가 필요하다. 한 마디로, 생성형 AI는 대신 글을 써줄 수는 없지만 귀중한 협력자 역할을 할 수 있다.

협업 문제도 솔직하게 접근해 보자. 우리는 모두 우리 작업에 새로운 기여를 할 수 있는 협업자를 원한다. 학교에서 실험실 파트너를 선택해야 했던 순간을 떠올려 보라. 좋은 점수를 받기 위해 '똑똑한 아이'와 짝이 되려고 얼마나 노력했던가. 그 아이의 작업에서 이득을 얻으려고 얼마나 분주했던가. 여러 면에서 생성형 AI는 우리에게 그런 똑똑한 친구가 될 수 있다.

고민할 거리에 대해

이 책에서 우리가 던질 수 있는 가장 중요한 질문은 〈고민할 거리〉에 담았다. 생성형 AI는 이제 간단히 무시하고 넘어갈 수준을 넘어섰다. 현실적으로, 이 문제는 우리가 더 비판적이고 엄격하게 들여다볼 단계에 접어들었다. 가령, 다음과 같은 질문을 던질 때가 되었다.

- "생성형 AI는 《모비딕》에 관한 에세이 작성을 도울 수 있

다. … 그런데 그게 나에게 무슨 의미가 있을까?"

- "현재 대부분의 대학 글쓰기 커리큘럼은 생성형 AI에 대한 고려가 없다. … 그게 우리에게 무엇을 말하는 건가?"
- "많은 표절 정책이 생성형 AI가 출현하기 이전에 개발되었다. … 생성형 AI를 글쓰기에 사용해도 될까? 사용한다면 어떻게 사용해야 할까? 생성형 AI의 도움을 받아 글을 쓰는 것은 표절일까?"

이 책은 궁극적으로 독자들이 생성형 AI와 글쓰기의 관계를 고민해 보고, 생성형 AI를 실제 글쓰기에 활용할 방법을 모색하도록 설계되었다. 그래서 책을 읽다 보면 '그래서 어떻게 해야 하지?' 고민하게 되는 지점들이 적지 않을 것이다. 각 장마다 배치한 〈정리〉에서 새로운 기술이 향후 우리의 글쓰기에 함의하는 바를 성찰하는 기회를 가지면 좋겠다.

이용자는 패배자가 아니다

주류 매체에서는 아직까지도 생성형 AI를 불편한 주제로 다룬다. "아이들과 음주 운전에 관해 이야기를 나누는가? 마약에 관해서는? 생성형 AI에 관해서는?" 마치 손대서는 안 될 마약처럼 인식하고 있는 것이다. "생성형 AI는 안 돼", "이용자는 패배자야", "생성형 AI에 대해서는 그냥 노!라고 하세요", "하지 않는 쪽을 선택하세요"….

물론 생성형 AI의 가능성과 위험성은 아직 누구도 정확히 알지 못한다. 그러나 생성형 AI를 마약 취급하고, 이것을 학술 도구로 받아들일지 말지 여부를 토론하지 않는 것은, 생성형 AI에 호기심을 느끼는 학생들을 방치하는 것이다. 생성형 AI를 책임감 있게 사용하는 방법을 가르칠 기회를 놓치는 것이다. 그러한 호기심은 정상적이고, 오히려 자극해야 마땅하다. 현재 여러 대학들이 생성형 AI에 대한 정책을 수립하고 있지만, 여전히 수수방관하는 곳들이 많다. 전반적으로, 대학이나 관계 기관들은 생성형 AI의 책임감 있는 사용에 관해 교수나 학생들에게 방향을 제시해 줄 만한 준비가 되어 있지 않다.

인공지능과 생성형 AI에 관해 이야기하지 않으려는 태도는 이 주제 자체를 사악하게 보이게 만들 수 있다. (눈맞춤을 피하며) "우리는 그 얘기는 하지 않겠다"고 하는 셈이다. 이러한 태도는 개인적인 시도와 판단을 유도하는 측면이 있다. 최근 열린 한 국제회의에서 나는 학생들에게 물었다. "여러분, 챗GPT를 사용해 본 적이 있나요?" 손을 든 학생은 많지 않았다. 그러나 조심스럽게 실내를 둘러보는 학생들의 수가 실제 사용자 수는 훨씬 많다는 걸 말해 주었다. "여러분 중에 얼마나 많은 분들이 법적인 나이가 되기 전에 맥주를 마셨나요?" 그렇게 물어볼 수도 있었을 것이다. "여러분 중에 얼마나 많은 분들이 중요 과제를 챗GPT에게 맡겼나요?" 학생들은 혼자가 아니라는 걸 확인하고 나서야 생성형 AI를 사용해 본 적이 있음을 실토했다.

생성형 AI를 사용하는 것은 학술적 부정직의 한 형태라는 인식이 생성형 AI와 고등교육에 대한 논의에서 우세하다. 앞서 논한 〈최고의 대학〉 설문조사에서 응답자의 51퍼센트가 생성형 AI 기술을 사용하는 것은 표절이라고 응답했는데, 20퍼센트 학생들은 어쨌든 이 도구들을 사용한다고 답했다.[5]

현행 표절 정책을 생성형 AI에 적용하는 데는 불확실한 지점이 많아서, 우리가 학문적 정직성을 이해하는 방법을 재검토해야 할 수도 있다(이 문제는 3장에서 상세하게 다루겠다).

책의 뒷부분에서는 생성형 AI가 어떻게 작동하는지 살펴볼 것이다. 또한, 그것을 어떻게 사용할 수 있는지, 그 용도에는 어떤 것들이 있는지, 그것을 사용한 결과는 무엇인지 살펴보게 될 것이다. 이러한 질문들은 생성형 AI에 대한 탐구를 자극하는 차원에서 설계되었다. 우리가 인공지능의 가치가 무엇이라고 생각하든지 상관없이, 이 기술은 우리 삶의 구석구석을 차지하게 될 것이고, 우리가 행동하고 사물에 대해 생각하는 방식을 바꾸어 놓을 것이라는 게 일반적인 의견이다. 인공지능 기술의 등장과 진화는 특정 분야의 범위나 전문 지식을 훌쩍 뛰어넘는다. 일부 전문가들은 인공지능이 인류 역사의 흐름을 바꿔 놓을 것이라고 말하기도 한다. 그러나 이 책이 설정한 목표는 그다지 거창하지 않다. 우리는 생성형 AI가 일반적인 글쓰기와 우리의 글쓰기 방식을 어떻게 바꿔 놓을지, 그 부분만 집중적으로 생각해 볼 것이다.

정리

고민할 거리

❶ 살펴본 것처럼, 생성형 AI는 앞으로 우리의 글쓰기에서 중요한 역할을 수행하게 될 것이다. 특히 대학 글쓰기의 맥락에서 우리가 생성형 AI에 관해 이야기해야 하는 이유는 무엇인가?

❷ 생성형 AI는 책임 있는 글쓰기에 관해 많은 문제를 제기하고 있다. 책임감 외에 중요한 문제들은 무엇인가?

개념적 AI

❶ 우리가 인공지능에 대해 생각하는 방식은 미디어의 표현에서 많이 영향을 받는다. 특히 영화, 만화, 책 등 미디어의 허구적 표현은 우리의 상상력과 인식에 큰 영향을 미친다. 대표적으로 공상과학소설이나 과학소설의 일종인 '사변소설'이 그러하다. 이러한 표현이 우리의 인공지능 인식에 어떤 영향을 미칠까? 이러한 미디어의 표현이 대학 교육에서 생성형 AI의 역할에 대한 우리의 대응에 어떤 영향을 미친다고 생각하는가?

❷ 우리가 글쓰기를 가르치고 배우는 방식에 생성형 AI가 어떤 식으로 영향을 미친다고 보는가? 긍정적인가, 부정적인가?

❸ 우리는 온갖 종류의 기술에 의존하며 살아간다. 너무 친숙하여 기술이라고 여기지 않는 것도 많다. 우리는 섬유 기술(옷)을 입고, 안구 교정 기술(안경과 콘택트렌즈)을 착용하고, 제약 기술(백신과 의학)에 의존하여 건강을 돌본다. 우리는 운송 기술(비행기와 자동차)에 의존하고, 농업기술(살충제와 수확 장비) 덕에 굶주리지 않는다. 통신 기술(모바일 장치와 인터넷)이 없으면 의사소통도 못 한다. 기타 등등. 이 같은 기술 의존성을 감안할 때, 새롭게 등장한 인공지능 기술은 왜 논쟁거리가 된다고 생각하는가? 인공지능이 우리가 의존하는 다른 기술과 왜, 어떻게 다른지를 논하는 글을 작성해 보라.

응용적 AI

❶ 생성형 AI가 할 수 있는 것과 할 수 없는 것은 무엇인가? 이 주제를 가지고 챗GPT 같은 생성형 AI 챗봇과 토론해 보자. 생성형 AI 플랫폼으로 무엇을 할 수 있고, 무엇을 할 수 없는지 챗봇의 의견을 들어 보자.

❷ 점점 더 많은 생성형 AI 플랫폼이 등장하면서 온갖 전문 지식과

기능을 제공하고 있다. 프롬프트(명령어)에 대한 응답으로 특히 서술형 추출물을 제공하는 생성형 AI 플랫폼들을 찾아서 비교해 보자. 어떤 차이가 있는가? 학생들이 사용하기에 어떤 것이 좋은가?

❸ 생성형 AI 플랫폼이 글을 어떻게 쓰는지 알아보기 위해, 다음과 같이 실험해 보자.

① 각자 존경하거나 더 알고 싶은 역사적 인물을 한 사람 선정하라. 반드시 잘 알려진 사람이어야 한다. 그래야 생성형 AI가 그 사람에 대한 정보를 검색할 수 있다.

② 챗GPT와 같은 생성형 AI 애플리케이션에서 해당 인물에 대한 전기적 에세이를 쓰도록 요청하라.

③ 그런 다음, 동일한 생성형 AI 플랫폼에서 생성형 AI가 에세이를 작성해 준 동일한 역사적 인물에 대해 예술가 스타일로 노래 가사를 써 달라는 프롬프트를 넣어 보라. 예를 들면, 율리우스 카이사르에 관한 랩 가사를 우탱 클랜 스타일로 써 달라거나, 레오나르도 다 빈치에 관한 가사를 테일러 스위프트 스타일로 써 달라, 또는 클레오파트라에 관한 가사를 CHAI 스타일로 써 달라고 해 보자.

④ 생성형 AI가 만든 노래 가사와 역사적 인물 에세이를 비교해 보라. 어떤 공통점과 차이점이 있는가?

토론

1. 생성형 AI를 사용해 본 적이 있는가? 만약 그렇다면, 어떤 버전을 사용했는가? 그때 어떤 경험을 했는가?
2. 지금까지 살펴본 내용을 바탕으로, 생성형 AI가 우리의 글쓰기 경험에 어떤 영향을 미칠 것이라고 생각하는가? 그것이 대학에서의 글쓰기 경험을 바꿔 줄 거라고 생각하는가?

2장 생성형 AI

●●● 학습 목표

- AI의 진화에 대해 설명한다.
- 생성형 AI의 발전에 대해 논의한다.
- 생성형 AI의 기본 작동 방식을 설명한다.
- 생성형 AI가 고등교육, 특히 글쓰기 교육에 도전하는 방식을 파악한다.
- 환각 문제를 인식한다.

●●● 준비 단계

대중매체, 뉴스 미디어, 소셜미디어가 생성형 AI에 관한 이야기로 넘쳐 난다. 생성형 AI가 세계에 미치는 영향, 특히 교육에 미치는 영향을 주로 다룬다. 그렇다면 생성형 AI와 인공지능 아이디어 및 그 기술은 왜, 어떻게 발전하게 되었는가? 이번 장은 인공지능의 역사에 대한 개괄과 생성형 AI의 작동 방식에 관해 소개한다. 인공지능과 생성형 AI에 대해 이미 알고 있는 내용이 무엇인지, 그러한 개념과 기술이 어떻게 진화해서 교육에 어떤 영향을 미치고 있는지 먼저 생각해 보자.

핵심 내용

아직도 대학에 몸담고 있는 사람들은 생성형 AI의 깜짝 출시에 허를 찔린 듯 어떻게 대응해야 할지 몰라 난감해하고 있다. 그들이 난감해하는 이유는 부분적으로 AI나 생성형 AI가 실제로 무엇인지를 모르는 인식 부족에서 비롯되었다. 대부분의 사람들은 인공지능 하면 영화와 텔레비전 이미지만 떠올릴 뿐 글쓰기 수업까지 연결시켜 생각하지 않는다. 이번 장에서는 인공지능과 생성형 AI가 실제로 무엇을 하고, 어떻게 하는지 제대로 이해하기 위해 인공지능의 발전사를 간단하게 개괄해 보고자 한다.

인공지능의 기원

인공지능과 생성형 AI는 많은 사람들이 생각하듯 새로운 것이 아니며, 인공지능 기술을 성장시킨 핵심 아이디어도 마찬가지다. 따지고 보면, 인간은 줄곧 인간의 다양한 업무를 도울 수 있도록 인간이 아닌 물체에 다양한 수준의 지능을 부여하는 방법을 상상해 왔다. 몇 가지 예시만 들어 보자.

- 3천 년 전에 쓰인 《일리아스》에서, 호메로스는 그리스 신화에 등장하는 불, 금속 세공, 석공술 및 장인정신의 신 헤

파이스토스에 관한 이야기를 들려준다. 헤파이스토스는 자신을 섬기고 말하고 생각을 표현할 수 있는 황금 로봇 조각상 같은 것을 만들었다. 또한, 알키노오스 궁전을 지키게 하려고 불멸의 개 두 마리를 기계로 만들었고, 명령을 내리면 신들에게 음식과 음료를 제공하는 식탁을 기계로 만들었다.

■ 8~13세기의 이야기를 모은 《천일야화》는 서양에 중동의 민담 모음집으로 알려져 있다. 그중에 〈황동 기사의 도시 이야기〉가 포함되어 있는데, 이 이야기에서 한 무리의 여행자들이 여행자에게 안전한 길을 알려 주는 기계로 만든 황동 기사를 만난다.

■ 유대인의 골렘 전설에는 먼지나 진흙 같은 생명 없는 물질이 사람의 형상대로 만들어져 인간 창조주에 의해 생명을 얻고 유대인 공동체를 위험에서 구해 내는 동반자, 조력자, 보호자 역할을 하는 이야기가 전해진다.

■ 18, 19세기에는 기계 조수에 관한 아이디어가 소설에서 인기를 끌었다. E.T.A 호프만의 단편소설 〈모래 인간〉에서 주인공은 한 여인과 사랑에 빠지지만, 그녀가 기계라는 것을 알게 된다. 자신이 자동인형과 사랑에 빠진 것을 깨달

은 주인공은 자살한다.

- 호프만이 〈모래 인간〉을 출간한 지 1년 뒤, 메리 셸리는 《프랑켄슈타인》, 일명 '현대의 프로메테우스'(1818)라는 소설을 출간했다. 여기서 빅터 프랑켄슈타인은 무생물에게 지각을 불어넣는다.

- '로봇'이라는 단어는 1920년 체코의 극작가 카렐 차페크의 희곡 〈R.U.R〉에서 나왔는데, 이는 '로숨의 보편적 로봇'이라는 단어의 약자이다. 이 연극은 로봇의 반란이라는 허구적 주제를 다룬 최초의 사례라고 할 수 있다. 하찮은 노동을 수행하는 데 쓰이던 기계 인간들이 착취당하는 것에 지쳐 인간 주인들을 죽이기 위해 들고일어나는 이야기다. '로봇'은 '강제 노동'을 의미하는 슬라브 단어 '로보타robota'에서 왔다. 인공지능 학자 칸타 디할에 따르면, "R.U.R.의 로봇 반란은 19~20세기 초에 일어난 노동 반란과 유사하다. 더욱이 노예제 폐지론과 노예제 폐지 반대론을 모두 떠오르게 하는데, 이는 임금 부담이 없는 새로운 창조물이 가져다주는 경제적 이익에 초점을 맞추고 있다."[6]

이렇듯 인류 역사와 문화 속에서 인공지능에 관한 아이디어를 추적해 볼 수 있지만, 우리가 이해하는 인공지능의 출현과 진화는

1943년 펜실베니아대학교 무어 전기공학부의 존 모클리와 프레스퍼 에커트가 최초의 범용 전자식 프로그래밍 가능 컴퓨터를 개발하면서 시작되었다. '에니악ENIAC 컴퓨팅 시스템'이라고 알려진 이 컴퓨터는 무게가 무려 30톤이 넘었고, 1만 8천 개의 진공관(현대 트랜지스터보다 규모가 더 큰 제품)을 사용했다. 컴퓨터가 차지하는 공간만도 1천 제곱미터에 이르렀다. 이 컴퓨터는 전기기계식이 아니라 전기식이었기 때문에 이전의 어떤 계산기보다 계산 속도가 1천 배나 빨랐다. 에니악은 초당 약 385번의 곱셈연산을 수행할 수 있었다. 챗GPT보다 두 달 앞선 2022년 9월에 출시된 아이폰14가 초당 대략 15조 8천억 번의 작업을 수행할 수 있다. 이는 에니악의 연산능력의 거의 420억 배에 달한다.

에니악이 촉발한 것은, 기계가 무엇을 할 수 있는지에 대한 다른 형태의 탐구였다. 에니악의 도입은 기계가 생각할 수 있는지, 인간처럼 생각할 수 있는지, 지능을 가질 수 있는지를 질문하게 했다.

에니악이 개발된 지 7년 후, 수학자이자 컴퓨터공학자인 앨런 튜링은 논문 〈컴퓨팅 기계와 지능〉[7]에서 이에 대한 답변을 제출하려고 했다. 튜링은 기계가 지능이 있는지 알아내는 것이 중요한 것이 아니라, 기계가 지능을 수행하거나 표시할 수 있는 능력이 중요하다고 말했다. 튜링이 주장하기를, 다른 존재가 어떻게 생각하지 알 수 없기 때문에 그들의 지능을 실제로 판단할 수는 없지만, 그 행동이 지능을 나타내는지는 판단할 수 있다. 안타깝게도, 튜링은 '지능'이 무엇인지에 대한 철학적 질문은 다루지 않았다. 바로 이 점이 인공

에니악ENIAC

지능에 관한 우리의 생각을 여전히 괴롭히는 지점이다. 튜링은 '모방 게임The Imitation Game'이라는 것을 제안했는데, 이는 '튜링 테스트'라고 알려지게 되었다. 튜링 테스트의 목적은, 사람이 그 작업을 인간이 하는지 기계가 하는지 알 수 없을 정도로 기계가 질문에 답하거나 게임을 하는 등의 행동을 할 수 있는지 확인하는 것이다. 튜링 테스트는 인간이 기계와 상호작용하고 있다는 것을 알 수 없을 정도로 기계가 인간의 반응을 모방할 수 있다면, 기계가 지능을 발휘하거나 수행하고 있다고 가정했다.

1956년, 인공지능 과학의 창시자 중 한 사람인 컴퓨터공학자 존 매카시는 인공지능에 관한 학술회의를 제안하며 공동 집필한 문서에서 '인공지능Artificial Intelligence'이라는 용어를 처음으로 만들었다. 매카시는 인공지능을 "지능적인 기계를 만드는 과학이자 공학"이라고 정의하고, 인공지능 기계는 "인간 지능의 특징적인 작업을 수행할 수 있는 기계"라고 주장함으로써 지능을 수행하는 기계에 대한 튜링의 인식을 확장했다. 튜링과 매카시의 정의가 결합되면서 인공지능을 실제 지능이 아니라 지능적인 행동처럼 보이는 성능의 표시 performance로 이해하는 것이 일반적이 되었다.

인공지능을 구축하려는 초창기 시도들은 사실 기반 규칙 세트를 집적하는 데 집중되었다. 그러나 대부분의 시도들은 별다른 성과를 거두지 못했다. 인간의 사고에서 볼 때, 규칙이란 구체적이고 보편적이기보다는 변경 가능하고 상황에 따라 달라지는 경우가 많기 때문이다. 따라서 인공지능을 구축하려는 초기 시도들은 수학이나 시스템 자동화와 같이 엄격한 규칙 기반 지식을 활용하는 분야에서 가장 성공적이었다. 음성 인식이나 언어 번역, 이미지 인식과 같은 훨씬 더 맥락적인 분야에서는 초기 인공지능 시스템이 적절히 적응하지 못했다. '사고'에 대한 유연하지 못한 규칙중심적인 접근 방식이 이러한 목적에 비춰 너무 경직되어 있었기 때문이다.

예를 들어, 사진 속 물고기를 식별하는 인공지능을 설계한다고 상상해 보자. 지구상에는 3만 3천 종 이상의 물고기가 있고, 3조 5천억 마리 이상의 물고기가 있는 것으로 추정된다. 생각할 줄 아는 우리 인간은 물고기의 생김새가 아무리 달라도 사진 속 물고기를 식별할 수 있지만, 초기 인공지능의 규칙 기반 프로그래밍은 이것이 불가능했다. 이 세 장의 사진을 보라(모두 살아 있는 물고기 사진이다).

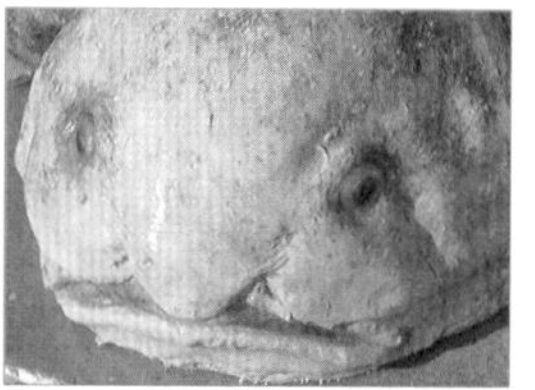

규칙 기반 인공지능은 지느러미, 아가미, 꼬리와 같은 일관된 특성을 찾아낸다. 그러나 물고기 각각의 지느러미를 식별하기가 어려울 수 있다. 물고기들이 움직이고 회전하고 지느러미를 구부리거나 집어넣기 때문에, 사진 속 물고기들은 일관성이 없어 보인다. 또한, 사람들이 아귀(왼쪽)를 물고기로 인식하는 것은 이 종의 이미지가 영화 〈니모를 찾아서〉와 같은 친숙한 미디어에서 대중화되었기 때문이다. 심해어 블롭피시(오른쪽)는 2013년 '세계에서 가장 못생긴 동물'이라는 별명을 얻고 뉴스 미디어에 등장하는 바람에 일부 사람들에게 알려졌다. 미국 전역의 강과 호수에서 흔히 볼 수 있는 송어(가운데)만이 꼬리, 지느러미, 아가미와 같은 친숙한 특성을 분명히 보여 준다. 초기 규칙 기반 인공지능 프로그램은 이러한 변형을 인식하지 못해 물고기 이미지를 사실상 식별하지 못했다.

이러한 맥락적 사고는 인공지능 개발자들이 극복하기 어려운 문제였다. 그래서 한동안 인공지능 개발이 정체되었다. 1984년, 일부 연구자들은 인공지능 개발에 대한 관심과 자금이 시들시들해지는 "인공지능 겨울"에 들어섰다고 주장했다. 몇 년이 지나지 않아 인공지능 연구 개발이 붕괴되기 시작했고, 인공지능의 미래에 대한 일반적인 비관론 탓에 수십억 달러의 자금 손실이 발생했다.

그렇게 1990년대에 들어서자, 남아 있던 인공지능 연구자들은 전략을 수정했다. 그들은 의사결정의 근거가 되는 규칙 기반 데이터로 인공지능을 프로그래밍하지 않고, 학습 프로세스로 인공지능을 프로그래밍할 수 있다는 가설을 세웠다. 이 말은 기계가 학습하도록 가르칠 수 있다는 뜻이다.

새로운 인공지능

신형 인공지능과 생성형 AI에 관한 논의를 시작할 때, 전통적인 컴퓨터 프로그램과 머신러닝machine learning(기계학습)의 차이점을 이해하는 것이 중요하다.

전통적인 컴퓨터 프로그램은 본질적으로 컴퓨터에 전달되는 선형 명령어의 집합이다. 예를 들면, 코딩을 할 때 베이직Basic 사용자가 배우는 첫 번째 프로그래밍 문자열 중 하나는 If/Then 구조이다. 이것은 "만약 이것이면, 그러면 저것"을 전달하는 기본 공식이다. 이는 다음과 같이 직선적이고 선형적인 명령집합이다.

001 만약 A가 10이면, 025로 간다.

002 만약 A가 10보다 작으면, 026으로 간다.

003 만약 A가 10보다 크면, 027로 간다.

최신형 인공지능을 개발할 때 사용한 프로세스인 머신러닝은 이러한 종류의 선형 방식으로 작업하지 않는다. 대신에, 특수한 알고리즘(문제 해결에 사용되는 프로세스나 규칙이나 지침 세트)을 사용하여 매번의 관여로부터 '학습'한 다음, 유사한 작업을 수행한 이전의 경험을 기반으로 다음 행동이 무엇인지를 예측하고 결정을 내린다. 이것을 머신러닝이라고 한다. 머신러닝이란 컴퓨터 시스템이 알고리즘을 사용하여 특정 데이터세트 내에서 식별하는 패턴을 분석하고 추론하는 방법이다.

데이터세트 내에서 패턴을 인식한 인공지능은, 그다음에는 해당 패턴을 추론하는 방법을 '학습한다.' 이런 식으로, 머신러닝은 인공지능이 해당 세트의 패턴을 식별할 수 있도록 '학습'시킬 목적으로 미리 결정된 데이터세트를 사용하여 인공지능 시스템을 '훈련'한다. 바꿔 말해서, 머신러닝은 컴퓨터가 어떤 작업을 수행하라고 특별히 프로그래밍하지 않아도 작업을 수행하면서 마주한 데이터에서 학습하는 방식으로 구성된다. 즉, 최신형 인공지능은 사전 프로그래밍된 일련의 규칙을 따르지 않고 스스로 학습한 내용을 기반으로 조정된다. 이 머신러닝이 생성형 AI의 핵심 구성요소이다.

머신러닝 외에도, 인공지능 알고리즘은 정보처리에 딥러닝Deep learning 기술을 사용할 수도 있다. 딥러닝은 인간의 뇌와 인간이 생각하는 데 사용하는 구조를 모델링한 일련의 복잡한 알고리즘으로 볼 수 있다. 이를 통해 인공지능은 이미지, 문자 텍스트, 소리 등과 같은 서로 다르고 구조화되지 않은 데이터를 가지고 작업할 수 있다.

머신러닝과 딥러닝을 통해 인공지능은 상황에 맞게 조정하고 피드백을 받아 새로운 작업에 적응형 응답을 제공할 수 있다.

최근 인공지능 개발에서 코넬항공연구소의 프랭크 로젠블라트가 1958년에 도입한 초기 아이디어로 되돌아가는 현상이 나타나고 있다. 즉, 컴퓨터가 인간의 뇌와 같은 방식으로 정보를 받아들이고 처리하도록 프로그래밍하는 것이다. 이른바 '신경망neural network'이라고 부르는 시스템이다. 신경망은 대량의 데이터를 스캔하여 패턴을 식별하는 수학적 시스템이다. 인공지능은 이러한 패턴의 데이터를 처리하여 데이터의 특성을 '학습'한다. 예를 들어, 인공지능은 《모비딕》이 1851년에 허먼 멜빌이 쓴 소설임을 식별하는 반복되는 패턴을 분류할 수 있다.

또한, 이러한 패턴을 통해 《모비딕》이 책 제목이고, 모비딕은 책에 등장하는 고래 이름이라는 것을 식별할 수 있게 된다. 그러나 이 정보를 식별하여 패턴을 생성하는 문장이 여럿 있는 경우에만 그렇게 할 수 있다. 마찬가지로, 신경망은 가령, 고래 이미지에서 패턴을 찾아 고래가 무엇인지 식별할 수 있다. 음성 인식 인공지능이 자동화된 고객서비스 프롬프트에 응답하여 "계산할게요"라고 말할 때 사용자가 의미하는 바를 '이해'하는 것도 이러한 방식이다. 대규모 데이터세트를 샅샅이 뒤져 학습하는 이 과정은 머신러닝과 딥러닝이 작동하는 방식이자 최신 인공지능이 작동하는 방식이다.

2014년, 딥러닝 및 AI 신경망 연구 분야에서 유명한 컴퓨터공학자 이언 굿펠로우가 동료들과 함께 '생성적 적대 신경망'(GANs)이라는 새로운 머신러닝 접근 방식을 제안했다. 이 새로운 유형의 머신러닝 알고리즘을 통해 인공지능은 원래 출력물처럼 보이는 것을 생성할 수 있게 되었다. 예를 들어, GANs를 사용하면 인공지능은 물고기 사진에서 발견한 패턴을 분석한 다음에 물고기가 어떻게 생겼을지 예측하는 새로운 이미지를 생성한다. GANs는 신경망을 사용하여 데이터세트 내에서 패턴을 찾은 다음, 해당 패턴에 맞는 새로운 출력물을 생성하는 방식으로 작동한다. GANs 작업의 이 부분을 생성기라고 한다. GANs를 매우 효과적으로 만드는 것은, 판별기라고 부르는 두 번째 신경망을 사용하여 생성기의 출력물이 얼마나 사실적인지를 간접적으로 확인하고 인공지능이 이러한 근접성을 고려하도록 훈련시켜 향후 작업에서 정확도를 개선한다는 것이다. GANs를 사용하면, 인공지능이 믿을 만하게 진짜 같은 이미지, 비디오, 오디오, 수식, 컴퓨터 코드, 글 등을 포함하여 마치 원본인 것처럼 보이는 콘텐츠를 생성할 수 있다.

2018년에는 구글과 마이크로소프트를 비롯한 여러 인공지능 중심 회사들이 인터넷에서 방대한 양의 복잡한 데이터를 검색하고 스크랩할 수 있는 신경망을 구축하고 사용하기 시작했다. 이러한 새로운 신경망은 위키피디아, 디지털 도서, 학술 출판물 및 인터넷에서 공개적으로 사용할 수 있는 모든 데이터에 접근할 수 있었다. 이러한 광범위한 데이터세트를 **거대언어모델(LLM)**이라고 한다. LLM 내에서 패턴을 식별한 다음 그러한 패턴에 따라 정보를 재구성함으로써 GANs 기반 인공지능 기계는 원본처럼 보이고 인간 창작자의 작업과 유사한 글이나 이미지를 생산할 수 있게 되었다. 이것이 생성형 AI이다.

본질적으로, 생성형 AI는 데이터세트 내에서 식별한 패턴에 기반으로 텍스트, 이미지, 사운드를 포함하는 다양한 콘텐츠를 생성할 수 있는 인공지능 알고리즘 틀이다.

기술이 발전함에 따라 생성형 AI가 생성할 수 있는 출력물의 종류가 확대되고, 특히 사용자들이 특정 수요에 맞는 출력물을 생산하도록 생성형 AI 플랫폼을 학습시키면서 출력물의 정확성과 효율성이 향상되고 있다. 이 책은 글쓰기에 중점을 두고 있지만, 생성형 AI는 훨씬 더 다양한 분야에서 사용되고 있다. 이미지 생성, 이미지 수정, 의료 영상, 비디오 제작, 3D 모델링, 텍스트 음성 변환, 언어 번역, 음악 생성, 감정 분석, 코드 생성, 코드 분석, 코드 디버깅, 코드 교정, 소재 디자인, 데이터 합성, 데이터 분석, 커리큘럼 개발, 교육 및 과외, 게임 디자인, 게임 생성, 캐릭터 행동, 안면 인식, 신원확인, 고객서비스, 소비자 리뷰, 신속한 민원 상담, 이메일 생성, 고객 조사, 제품 설명, 수학 연산 등등!

생성형 AI의 작동 방식

생성형 AI가 사용되는 방식이 급증하고 있기 때문에, 기초적인 방식으로라도 인공지능의 작업 방식을 이해하는 것이 중요하다. 요컨대, 생성형 AI는 다음과 같이 작동한다.

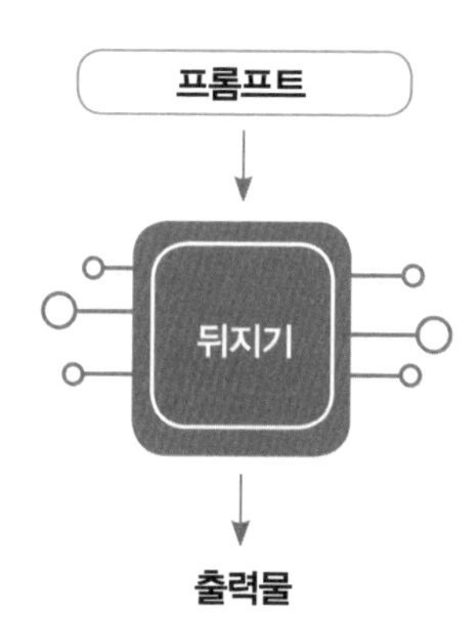

- 사용자가 인공지능에게 에세이, 노래, 이미지, 수학 문제 풀이, 컴퓨터 프로그램 등 특정 결과물을 생성하도록 요청하는 프롬프트(명령어)를 제공한다. (물론 인공지능 시스템은 응답하기 위해 이러한 종류의 출력물을 생성할 수 있어야 한다. 가령, 이미지를 생성하도록 설계되지 않은 인공지능은 이미지를 요청하는 프롬프트에 대한 응답으로 이미지를 제공할 수 없다.)

- 그런 다음, 인공지능은 사용 가능한 모든 데이터를 '뒤져서' 요청된 작업에 대한 패턴과 반복 정보를 찾는다.

- 그런 다음, 해당 데이터를 프롬프트에 응답하는 것으로 간주한 패턴으로 재구성한다.

우리는 생성형 AI는 사용자와의 기초적인 대화에 참여하는 것으로 생각할 수 있다. 사용자가 질문을 던지면 인공지능이 정보를 찾아 사용자의 요청에 답변을 한다. 이것이 챗봇이 작동하는 방식이고, 챗GPT가 '사전에 훈련된 생성형 트랜스포머 챗'이라고 불리는 이유이다. 챗GPT는 데이터를 찾고 해당 데이터를 변환하여 새로운 방식으로 데이터를 전달하도록 사전 학습된 복잡한 챗봇이다.

거대언어모델 내에서 받은 '훈련'에 따라 응답하는 것 외에도, 생성형 AI 플랫폼은 사용자와의 모든 만남을 통해서도 학습한다. 사용자가 생성형 AI 플랫폼에 작업을 수행하도록 프롬프트를 제공하는 방법은 생성형 AI가 문제에 접근하는 새로운 방식을 학습하도록 돕는다. 즉, 생성형 AI는 사전 학습뿐만 아니라 그것이 수행하는 모든 행동을 통해서도 개선된다.

그러나, 생성형 AI가 수행하는 현행의 반복 작업에는 몇 가지 문제가 있다. 예를 들면, 현행 인공지능은 그것이 뒤지는 데이터의 가치, 정확성, 또는 선입견을 식별할 수 없다. 생성형 AI는 데이터와 해당 데이터 내의 패턴만 식별할 수 있다. 그래서 종종 부정확하거나 틀린, 또는 편향된 정보를 버무리기도 한다(다음의 '환각' 부분을 읽어 보라). 또한, 인공지능은 제공된 프롬프트에 비추어 어떤 데이터가 더 관련성이 있는지, 관련성이 덜한지 식별할 수 없다. 따라서

비디지털화 자료를 배제해야 할까?

생성형 AI가 디지털화된 자료에만 접근할 수 있다는 우려는 우리가 연구 방법론과 연구 자료 및 데이터에 대한 비판적 평가를 배우고 활용하는 방식과 직결된다. 그러나 이러한 문제는 생성형 AI에만 국한된 게 아니다. 지난 10년 동안 여러 학생들이 "온라인이 아니면 쓸모 있는 연구가 아니다"라고 말했다. 이러한 새로운 연구 분위기는 추가적인 고려가 필요한 연구와 교육에 대한 몇 가지 문제를 제기한다. 여기에는 디지털화되지 않은 연구의 가용성을 설명하는 방법, 디지털화되지 못한 텍스트의 기능, 심지어 도서관이 제공하는 것에 대한 우리의 이해 문제까지 포함된다. 연구에 대한 이러한 입장은 학생들 사이에서 당연한 가정으로 성장하고 있는 것처럼 보인다. 그에 따라 엄청난 양의 연구가 '유용한' 풀 바깥에 놓이게 된다. 또한, 개별 용어나 이미지 등을 뒤질 수 없다면 단순히 문서를 스캔한다고 해서 반드시 디지털화가 되는 것은 아니기 때문에 디지털화에 대한 구분을 명확히 할 필요가 있다.

생성형 AI 기술을 도입하려면, 디지털 연구의 가용성을 두 가지 핵심적인 방식으로 고려해야 한다. ① 거대언어모델에 대한 연구 접근성, ② 디지털 접근 시대에 실행 가능한 연구를 구성하는 요소에 대한 학생들의 이해. 여러분의 관점에서 볼 때, 실행 가능한 연구는 무엇인가? 디지털 방식으로 접근할 수 있는 정보에만 의존하는가? 이유는 무엇인가?

생성형 AI가 제공하는 출력물의 정확성과 관련성을 평가할 때에는 비판적이어야 한다.

마찬가지로 생성형 AI는 접근할 수 있는 거대언어모델에서만 정보를 수집할 수 있다. 디지털화되지 않았거나 인공지능이 접근할 수 없는 데이터는 인공지능이 생성하는 것의 일부가 될 수 없다. 이러한 접근 제한은 인공지능이 생성할 수 있는 것을 제한하고, 결과적으로 인공지능 출력물의 가치에 영향을 미친다. 이러한 데이터 접근 및 제한 문제는 교육적 맥락뿐만 아니라 많은 연구 개발 상황에서도 계속 중요한 난제가 될 것이다.

거대언어모델 세트는 항상 제한적이다. 규모는 방대할지 모르지만, 경계가 있다. 생성형 AI 신경망은 거대언어모델 내에서 패턴을 찾은 다음에 가장 빈번하게 반복되는 패턴을 기반으로 출력을 생성하기 때문에, 많은 생성형 AI 애플리케이션은 접하는 것과 동일한 편향된 정보를 재구축하고 기존의 동일한 고정된 데이터와 관점을 강화한다. 거대언어모델 데이터세트와 생성형 AI 출력물이 편향될 수 있는 여러 방법에 대한 자세한 내용은 9장을 참고하라.

환각(할루시네이션)

생성형 AI는 '환각hallucination'이라고 알려진 것을 내놓기가 쉽다. 여기서 환각이란 정확해 보이지만 거짓인 출력물을 의미한다.

환각은 불충분한 데이터, 불분명한 프롬프트, 거대언어모델의 제한된 데이터, 과도하게 특화된 데이터나 데이터 편향으로 인해 발생할 수 있다. 글쓰기의 경우, 환각은 심지어 거짓 인용문, 가짜 출처 및 조작된 데이터를 포함할 수 있다.

예를 들면, 최근에 챗GPT에게 내가 지원한 보조금에 필요한 학술적 경력을 써 달라는 프롬프트를 입력했다. "시드니 도브린의 학술 경력을 작성하라"는 프롬프트를 입력하니, 챗GPT는 544단어 분량의 에세이를 출력했다. 만일 모르는 사람이 이걸 봤다면, 정확한 결과물이 나왔다고 했을 것이다. 이 글 속의 정보는 올바른 것처럼 보이지만, 정확한 것이 거의 없다. 약간의 예를 들자면,

> "그는 피츠버그대학교에서 영어 및 언어학 학사학위를 취득하고 학문적 여정을 계속했다. 도브린은 인간 의사소통의 복잡성을 이해하는 데 수사학의 중요성을 인식하고 같은 대학에서 수사학과 커뮤니케이션 석사학위를 마쳤다."[8]

마치 내가 쓴 것처럼 보인다. 그러나 나는 피츠버그대학을 다닌 적이 없다. 그곳에서 일한 적도, 캠퍼스를 방문한 적조차 없다. 훌륭한 대학이지만, 나와는 아무 관련이 없다. 나는 버지니아 비치에 있는 버지니아 웨슬리안 칼리지(현재는 대학교)에서 학사학위를, 버지니아주 노퍽에 있는 올드 도미니언 대학교에서 석사학위를 받았다. 석사학위는 "수사학과 커뮤니케이션"이 아닌, 수사학과 작문으로

받았다.

> "도브린의 지식 추구와 교육에 대한 열정은 공부를 더 하도록 추동했다. 그는 오스틴에 있는 텍사스대학교에 입학하여 그곳에서 수사학과 작문으로 박사학위를 취득했다. 박사학위 과정 동안 작문 교육, 수사학 이론, 문화 연구에 심취했다. 이러한 다학제간 접근 방식은 그의 학업 경력의 특징이 되었다."

아니다! 나는 사우스 플로디다 대학교에서 박사학위를 취득했다. 나의 연구는 작문 이론과 교육에 집중했다. 내가 수사학 이론이나 문화 연구에 몰두했다고 말하는 것은 무리가 있지만, 이 모든 게 사실인 것처럼 들린다.

> "그는 플로리다대학교, 캔자스대학교, 오스틴 텍사스 대학교와 같은 권위 있는 기관에서 교수직을 역임했다."

맞다. 세 가지 중에서 두 가지는 옳다. 나는 지금 플로리다대학교의 교수이고, 과거에 캔자스대학교의 교수였다. 그러나 나는 결코 텍사스대학교에서 일한 적이 없다.

> "이 분야에 대한 그의 전문성과 헌신을 인정받아 대학 작문 및 커뮤니케이션 협회(CCCC)의 회장과 과학기술의학수사협

회(ARSTM)의 회장을 역임했다."

전혀 아니다! 물론 나는 CCCC 회원이었지만 회장직을 맡은 적이 없고, 솔직히 ARSTM에 대해서는 들어 본 적도 없다.

> "도브린의 학문적 성과는 그 폭과 깊이가 특징이다. 그의 연구는 디지털 기술이 글쓰기와 문해력에 미치는 영향, 수사학과 환경 연구의 관계, 수사학과 사회정의의 교차점 등 다양한 주제를 포괄한다. 그의 획기적인 저작 《탈작문》은 글쓰기와 작문에 대한 기존의 개념에 도전하여 디지털 미디어와 멀티형 커뮤니케이션이 글쓰기 교육과 실습의 풍경을 재편하는 방법을 탐구했다."

이 말은 대체로 옳다. (탈작문이 무엇인지는 정확하지 않지만, 얼추 비슷하다). 그러나 올바른 정보와 잘못된 정보가 섞이면 완전히 조작된 진술보다 훨씬 더 오도될 수 있다. 환각이 진실한 정보의 틀에 들어맞는 것처럼 보이면 옳다고 가정하기 쉽다.

이러한 사례는 결코 이례적인 것이 아니다. 최근에 한 동료가 학생들에게 챗GPT를 사용하여 글쓰기 과제를 수행하도록 하고 생성된 응답의 정확성을 확인하라고 요청했다. 수업에 참여한 학생 23명이 모두 챗GPT의 출력물에서 중요한 환각 문제를 보고했다. 학술적인 리스트서브listservs(특정 그룹 전원에게 메시지를 E메일로 자동 전송하

는 시스템)에서 비슷한 일화를 읽는 것은 드문 일이 아니다.

따라서 글쓰기의 경우, 생성형 AI 환각의 가능성을 인식하는 것은 매우 중요하다. 생성형 AI의 시각물의 경우, 그 결과는 똑같이 문제가 될 수 있고, 심지어 더 당황스러울 수도 있다. "피아노를 치고 있는 손"이라는 프롬프트에 따라 생성형 AI 프로그램인 Dall-E가 생성한 위의 이미지를 보라.[9] 보이는 것처럼, 왼손 쪽에 이상한 부분이 있다. 이것도 환각이다.

환각은 거대언어모델과 생성형 AI에서 심각한 문제로 간주된다. 생성형 AI가 투자자들에게 지난 분기에 비해 제품 판매가 10퍼센트 증가했다고 보고했는데 실제로는 판매량이 감소했다면, 환각이 미칠 영향을 상상해 보라. 보고서 작성에 사용된 생성형 AI가 정확한 데이터에 접근하지 못했다면, 이전 보고서에 담긴 정보를 기반으로 추정했을 수도 있다. 또는 생성형 AI 프로그램을 사용하여 소설에 관한 학술 에세이를 작성하고 있는데, 생성형 AI가 직접 인용구를 사용하여 특정 사건을 조작했다고 가정해 보라. 우리는 어떻게 대응해야 할까?

정리

고민할 거리

1. 생성형 AI가 계속 진화한다고 가정해 보자. 이 추정에 근거할 때 생성형 AI가 우리의 교육과 직업 경력에 어떤 영향을 미칠까?
2. 생성형 AI의 환각은 흔하며, 항상 식별할 수 있는 것도 아니다. 그렇다면 이 점이 인공지능이 별다른 감독 없이 생성한 자료를 사용할 때의 신뢰성 문제에 시사하는 바는 무엇인가?
3. 튜링 테스트에 따랐을 때, 생성형 AI는 지능적인가? 만일 그렇다면, 이것은 지능에 대한 우리의 이해에 어떤 의미를 갖는가?

개념적 AI

1. 이번 장 전체에 걸쳐 기계가 인간처럼 생각하거나 인간처럼 작업을 수행할 수 있는지에 대한 근본적인 질문이 있다. 개념적으로, 기계의 작업이 인간처럼 작동하거나 인간 사고의 특성을 보이는 것이 왜 중요할까? 이러한 아이디어가 우리가 인공지능을 이해하는 방식과 인간 및 인간의 사고를 이해하는 방식에 어떤 영향을 미칠까?
2. 인간이 인간이 아닌 사물에 '지능'을 부여하여 그 사물이 우리를

대신해 일을 수행하거나 인간의 일을 더 쉽고 효율적으로 만들고 싶어 했던 이유는 무엇이라고 생각하는가? 즉, 인간이 하는 일 중 일부를 기계에 미루게 만드는 것은 무엇인가?

3. '인공지능'은 정확한 용어인가? 사용하기에 적합한 용어인가? 그 이유는 무엇인가?

4. 누군가가 "인공지능의 쓸모가 뭔가?"라고 묻는다면, 뭐라고 대답하겠는가? 인공지능과 생성형 AI의 가치와 위험성에 대한 견해를 짧은 에세이로 써 보라.

5. 비영리 싱크탱크인 미래생명연구소(FLI)는 "혁신적인 기술을 삶에 이로운 방향으로 이끌고 극단적인 대규모 위험에서 벗어나게" 하고 "혁신적인 기술의 우발적 또는 의도적 오용으로 인한 대규모 피해, 재앙, 실존적 위험"을 줄이는 데 전념하는 조직이다. 2017년, FLI는 유익한 인공지능 학술대회를 개최하여 "학계와 산업계의 인공지능 연구자, 경제학, 법학, 윤리학, 철학 분야의 지도자들"을 불러 모아 5일 동안 유익한 인공지능에 전념하게 했다."[10] 이 학술대회 동안 참석자들은 인공지능 개발을 위한 23개조 원칙을 공동으로 개발했다. 학술회의 장소의 이름을 딴 '아실로마 원칙Asilomar Principles'은 인공지능 개발을 위한 가장 중요한 지침이 되었다. 거의 6천 명의 연구자들, 개발자들, 산업계 지도자들, 정부 관계자들이 이 지침에 서명하고 이를 승인했다.

2023년 3월, FLI는 〈거대 인공지능 실험 중지: 공개서한〉을 발표하여 "모든 인공지능 연구소가 GPT-4보다 더 강력한 인공지능 시스템의 훈련을 최소 6개월 동안 즉각 중단할 것"을 촉구했다.[11] 이 서한에는 일론 머스크, 스티브 워즈니악, 앤드류 양, 레이첼 브론슨, 트리스탄 해리스 등 3만 1천 명 이상의 기술개발 지도자들이 서명했다.

FLI 원칙과 FLI 모라토리움 서한(FLI 웹페이지에서 확인 가능)을 모두 읽고 생각하는 시간을 가져 보라. 그런 다음, 두 가지 문서에 대한 답변을 고민해 보자. 이 두 가지 잘 알려진 문서를 염두에 두고, 인공지능과 생성형 AI 개발의 미래에 대한 생각을 설명하는 답변을 작성해 보자.

응용적 AI

❶ 대부분의 생성형 AI 프로그램은 인간 사용자의 특정한 추가 프롬프트(명령어) 없이는 여러 번의 개선된 초안을 제공할 수 없다. 이에 비추어 볼 때, 생성형 AI가 전체 답변을 쓰는 것 말고 글쓰기에 생성형 AI를 활용할 유익한 방법은 무엇인가?

❷ 우리가 선택한 생성형 AI 이미지 플랫폼을 사용하여 "대학생", "농구를 하는 아이들", "비포장도로 걷기"와 같은 특정 개체나

시나리오 사진을 만들어 보라. 어떤 친숙한 결과가 나오는가? 출력물에 명백한 편향성이 있는가?

❸ 챗GPT(또는 접근할 수 있는 다른 생성형 AI 플랫폼)를 사용하여 현재의 생성형 AI 기술의 진화를 설명하는 문서를 생성해 보라. 그리고 그 출력물과 이번 장에서 발견한 정보를 비교해 보라. 어떤 것이 더 유용해 보이는가? 어떤 게 더 정확한가? 각각의 정확성을 어떻게 결정하는가? 어느 쪽을 더 신뢰하는가? 그 이유는 무엇인가? 분석하고 비교해 본 후, 생성형 AI에 다른 프롬프트를 넣어 다른 출력물을 받아 보고 싶은가? 프롬프트를 어떻게 바꾸겠는가? 그 이유는 무엇인가?

토론

❶ 이번 장에서 제공한 인공지능의 진화에 관한 일반적인 개괄을 바탕으로, 그 역사가 인공지능과 생성형 AI가 무엇이고 무엇을 하는지에 대한 여러분의 이해에 영향을 미치거나 미치지 않는 방식을 논의하라.

❷ 인공지능과 생성형 AI는 다양한 곳에서 적용되고 있다. 사실, 인공지능과의 일부 상호작용을 피하는 것은 거의 불가능하다. 우리가 인공지능과 가장 규칙적으로 접하는 방식에 대해 논하라.

3장 정직성

●●● 학습 목표

- '학문적 정직성'의 원칙을 인식한다.
- 표절의 의미를 이해한다.
- 생성형 AI와 표절이 어떻게 연결되는지 설명한다.
- 생성형 AI의 인용 스타일을 활용한다.

●●● 준비 단계

생성형 AI가 글쓰기 과제를 마무리하는 '부정행위 도구'로 사용될 수 있는 방식에 대해 많은 대화가 있었다. 챗GPT 같은 생성형 AI 플랫폼에 관해 읽거나 말하고 들은 경험을 바탕으로, 특히 글쓰기에서 생성형 AI가 자신의 교육에 어떤 역할을 하리라고 생각하는가?

핵심 내용

2023년 5월 12일, 미국 고등교육의 주요 뉴스 자료로 널리 알려진 《고등교육 연대기》가 〈리뷰/의견〉란에 한 편의 에세이를 실었다. 제목은 "나는 학생이다. 여러분은 우리가 얼마나 많이 챗GPT를 사용하는지 모른다"였다. 컬럼비아대학교 학부생 오웬 키치조 테리가 쓴 에세이는 다음과 같이 시작한다.

"고등학교나 대학의 학문적 정직성 정책을 살펴보면, 한결같은 메시지를 찾을 수 있다. 여러분 자신의 생각을 반영하는 작업을 제출하든가, 아니면 징계를 받든가. 1년 전만 해도, 이것은 지구상에서 가장 상식적인 규칙이었다. 그러나 오늘날 이 규칙은 우스꽝스러울 정도로 순진한 규칙일 뿐이다. 실제로, 인공지능을 사용하여 생각의 대부분을 처리하면서 마치 자신이 한 것처럼 보이는 과제를 제출하는 일은 아주 쉽다. 이 점이 분명해지면, 대학이 학생들에게 계속 비판적 사고를 훈련시키려면 대대적인 구조적 변화가 필요하다는 결론이 나온다."[12]

테리는 학생들이 감지할 수 없는 방식으로 챗GPT를 사용하고 있으며, 이는 학생들이 생성형 AI를 사용하는 방식과 교육자들이 그러한 사용을 인식하는 방법 사이에 단절이 있음을 가리킨다고 주장했다.

챗GPT가 출시되었을 때, 챗GPT가 학생들의 모든 작업을 대신해 줄 것이기 때문에 교육을 망칠 것이라는 주장이 공론장에 만연했다. 챗GPT에 대한 공포의 상당 부분은 새로운 생성 기술에 대비하지 못한 교육자들에게서 나왔기 때문에, 대화의 대부분은 표절과 "학문적 정직성"의 여타 측면으로 바뀌었다.

이번 장에서는 학문적 정직성과 생성형 AI에 관한 개념적 질문(생성형 AI를 사용하는 것이 학문적 정직성을 위반한 것으로 간주될 수 있는 이유와 상황)과 응용적 질문(우리가 우리의 작업에서 생성형 AI를 윤리적으로 사용할 수 있는 방법)을 다룬다.

학문적 정직성

생성형 AI와 학문적 정직성 간의 관계를 다루기 전에, 학문적 정직성이라는 개념부터 살펴보자. 기본적으로, 정직성이란 올바름이고 자신의 도덕적 원칙을 고수하는 것이다. 학생들에게 학문적 정직성은 표절, 부정행위, 문서 위조, 부정직함과 같은 여타의 행동으로 침해된다. 교수진과 관리자의 학문적 정직성도 비슷하지만, 연구와 출판에서 정직성과 엄격함을 요구할 수 있으며, 학생들을 가르치고 평가할 때 좋은 행동이 필요할 수도 있다.

모든 교육기관에는 학문적 정직성에 관한 정책이 있다. 일부는 학생들을 위한 정책이고, 일부는 교수진과 관리자를 위한 정책이다. 흥미롭게도, 미국의 학문적 정직성 정책 대부분은 교수진과 관리자가 학생들의 학문적 부정행위를 감시해야 한다는 생각에서 비롯된 것이 아니라, 학생들이 본인과 학우들의 작업이 대학의 청렴성을 견지하기를 원하기 때문에 생겨났다. 18세기 미국에는 단 9개의 대학만 있었는데, 모든 대학이 해당 학교에 등록한 학생들이 감시하는 학문적 명예 규정을 개발했다. 누군가가 이 규정을 위반하면 해당 공동체가 규정한 불이익에 직면하게 되는데, 경우에 따라서는 퇴학이 포함되었다. 명예 규정은 부분적으로 캠퍼스 공동체의 대표자로서 모든 개별 학생의 윤리적 행동을 뒷받침하려는 바람에 기반했다. 이러한 규정에 대한 학생의 감독은 기관 내에서 학생의 권한 강화를 촉진했다.

미국 전역에 점점 더 많은 대학들이 문을 열면서, 이러한 기관들의 역할은 주로 학생을 가르치는 것에서 독창적인 연구의 생산을 더욱 강조하는 쪽으로 바뀌었다. 이 과정에서 명예 규정은 더 포괄적이고 학문적 정직성을 더 광범위하게 다루는 것으로 발전했다. 감독은 어떤 사안에서는 학생에게, 다른 사안에서는 교수진 관리 위원회에, 심지어 더 광범위한 감독 위원회로까지 확대되었다. 교수들은 연구자 · 교육자 · 작가로서의 명성을 유지해야 하기 때문에, 학문적 정직성 정책은 학생들뿐만 아니라 교수들의 작업까지 포괄하도록 확대되었다. 지식재산권에 대한 우려도 학문적 정직성에 대한 우리의 이해에 기여했다. 이러한 권리는 연구자가 타인의 연구에 대한 공로를 가로채거나 그 영향을 인정하지 않고서 타인의 연구를 사용하지 않도록 하는 권리로 발전했다. 학문적 정직성은 연구 교수진 사이의 경쟁이 치열해짐에 따라, 특히 연구비와 명성 차원에서 더욱 중요해졌다.

대학은 종종 학문적 정직성에 관한 진술을 강의계획서에 표시하도록 요구하고, 일부 기관에서는 학생들이 명예 규정을 준수한다는 내용을 명시한 문서에 서명하도록 요구한다.

표절

학문적 정직성 정책은 종종 대학이 표절이라고 의미하는 바를 정확하게 명시한다. 대부분의 경우, 우리는 표절이 다른 사람의 작업이나 아이디어를 자신의 것처럼 표현하는 것을 포함한다고 이해한다. 이 정의는 종종 다양한 유형의 표절을 식별하고자 확장된다. 일부 기관은 최대 12가지 형태의 표절을 식별한다.

- **직접 표절** 다른 사람의 말이나 아이디어를 원래의 작가/화자/발상자에게 귀속시키지 않고 단어 그대로 사용하는 행위.

- **중복 표절**('자기표절'이라고도 함) 교수자의 직접적인 허가 없이 다른 수업에서 평가를 위해 제출한 작업을 재사용하는 행위. 여기에는 과제물의 전체나 일부를 다시 제출하는 것이 포함된다.

- **짜깁기 표절**('모자이크 표절'이라고도 함) 다른 사람의 말이나 아이디어를 다시 사용하고, 다른 사람의 말과 결합하고, 다른 사람의 아이디어로 모자이크나 짜깁기하여 독창적인 생각이나 글처럼 보이게 하는 행위.

- **의역 표절** 다른 사람의 단어나 아이디어를 사용하면서 몇 단어를 살짝 바꾸고, 종종 동의어로 대체하여 원본과 다르게 보이려고 시도하는 행위. 매우 흔한 형태의 표절이다.

- **우발적 표절** 출처를 인용하는 방법을 잘 모르거나 과제 응답에 사용된 정보나 언어가 원래 다른 사람이 만든 것이라는 점을 인식하지 못해서 발생하는 부주의한 표절 행위.

여러 대학은 학문적 정직성 정책에 학생들이 부정행위나 표절을 한 이유에 대한 진술을 포함한다. 가장 일반적으로, 이러한 이유에는 좋은 성적을 받고 싶은 희망, 실패에 대한 두려움, 잘못된 시간 관리가 포함된다.

그러나 학생이 표절을 하는 두 가지 다른 이유가 있다. 첫째, 많은 학생들이 과제에 대한 투자 부족으로 인해 부정행위를 하거나 표절을 한다. 이것은 학생들이 거의 관심이 없는 필수과목의 수업에서 자주 발생한다. 학생이 해당 분야에 투자하더라도, 특정 과제가 흥미롭지 않다거나 동기부여가 안 되는 경우에 발생하기도 한다. 표

AI 출력물이 모두 표절일까?

2장에서는 생성형 AI 기술이 어떻게 작동하는지에 관한 간략한 설명을 제공했다. 생성형 AI에게 프롬프트를 제공하고, 접근할 수 있는 거대언어모델의 정보를 뒤지고, 해당 정보를 예상 응답이라 예측하는 것으로 재구성하는 일련의 과정을 기술했다. 누군가는 이 과정을 인간이 일하는 방식이라고 주장할 수도 있다. 예를 들면, 수업에서 글쓰기 과제가 주어지면, 우리는 해당 주제에 대해 이미 알고 있는 모든 것, 즉 우리의 모든 경험과 저장된 생각, 기억 및 개인 데이터베이스에 있는 모든 것을 뒤진다. 이 중 일부는 우리가 의도적으로 그리고 의식적으로 수행한다. 일부는 암묵적으로 수행한다. 그런 다음 우리는 해당 정보를 교수자가 원할 것이라고 예측하는 결과물로 재구성한다.

어떤 사람들은 생성형 AI가 만드는 모든 것이 원래 다른 사람의 말이나 생각이었다는 이유로 생성형 AI의 모든 출력물이 본질적으로 표절이라고 주장한다. 그렇다면 마찬가지로 우리가 말하고, 쓰고, 생각하는 대부분의 것들도 표절이라고 주장할 수 있다. 우리는 너무 자주 다른 사람들의 아이디어와 표현에서 우리의 말과 글을 추려 내고, 재배열하고, 재현하기 때문이다. 이 책에서 내가 만든 모든 문장, 모든 단어, 모든 주장 역시 다른 사람들에게서 배운 것을 재구성한 것이라고 할 수 있다.

첫째, 이 점이 개성, 자아 감각, 표현, 창의성, 심지어 지능과 같은 것에 대한 우리의 생각에 어떤 영향을 미치는지를 살펴보라. 둘째, 생성형 AI와 인간 사유와의 유사성에 대한 이러한 인식이 표절과 학문적 정직성에 대한 우리의 이해에 어떻게 영향을 미치는지 살펴보라.

절에 대한 책임을 교수자나 과제 탓으로 돌려서는 안 되지만(표절은 항상 학생의 선택이다), 교사가 역동적이고 매력적인 과제를 개발해야 하는 이유는 분명하다.

둘째, 많은 학생들이 표절이 무엇인지, 소속 기관의 정책이 무엇인지 이해하지 못해서 무심코 표절한다. 유학생 중에는 북미의 표절 정책과 인용 관행에 익숙하지 않아서 표절한 경우도 많다. 유학생이든 내국인이든, 인용을 언제 어떻게 포함해야 하는지에 관한 부적절한 지침을 받아서 그런 경우도 더러 있다.

얼핏 보기에, 접근 가능한 생성형 AI 기술의 갑작스러운 출현은 고등교육이 표절의 의미를 포함하여 많은 기본 가정과 신념을 재고하도록 압박한다. 전통적으로 우리는 표절이 저작자의 권리를 인정하지 않고 다른 사람의 말이나 아이디어를 사용하는 것을 의미한다고 이해한다. 표절에 대한 이러한 이해는 고등교육의 핵심 가치에 매우 중요하여 연구와 출처 인용에 대한 자세한 방법과 기대를 낳았다. 표절과 학문적 정직성에 대한 이러한 고전적인 이해가 없었다면, APA, MLA, Chicago, Turabian, IEEE 및 기타 인용 스타일이 필요하지 않았을 것이다. 그러나 생성형 AI의 출현은 다음과 같은 세 가지 비판적 방식으로 이러한 이해에 문제를 제기한다.

1. 관습적인 이해에 따르면, 표절은 한 사람이 다른 사람의 아이디어나 말을 '훔칠' 때에만 표절이 발생한다. 그러나 생성형 AI의 경우, 출력물을 인공지능 이외의 다른 사람

에게 귀속시킬 수 없다. 우리는 저작자가 아니라 인공물(정보를 표절할 수 있는 것)의 관점에서 표절을 재고해야 할지도 모른다. 이것은 또한 자본과 사유재산 이데올로기에 얽매인 지식재산권이라는 소유권 문제를 제기한다.

❷ 표절과 생성형 AI를 둘러싼 곤경은 또한 인간이 저작자로 활동할 수 있는 유일한 개체라는 우리의 오랜 믿음에 문제를 제기한다. 이제 생성형 AI가 독자적으로 '쓰기'를 할 수 있는 상황인데, 그것들이 생산한 텍스트에 저자 권한authorial agency(심지어 저작권 소유권까지)을 부여할 수 있을까? 생성형 AI에게 단편소설을 쓰라는 프롬프트를 입력하면, 생성형 AI가 사람의 방식과 동일하게 해당 이야기의 '저자'가 되는가? 그림이나 사진의 경우는 어떤가?

❸ 생성형 AI는 인간과 기계가 작성한 데이터로 구성된 거대언어모델을 기반으로 출력물을 제공하기 때문에, 다음과 같이 물어야 한다. 생성형 AI 플랫폼 자체가 출력물이 어떻게 사용되든 표절을 저지르는 것인가? 인간이 아닌 존재도 표절을 저지를 수 있는가?

현재 쓰이는 표절에 대한 정의를 감안할 때, 우리는 생성형 AI를 어떻게 이해하고 사용법을 배워야 하는가? 생성형 AI의 영향 아래서 표절에 대한 우리의 이해를 어떻게 조정해야 하는가?

현재 교수자와 관리자, 그리고 설문조사에 참여한 대부분의 학생들은 생성형 AI의 출력물에서 텍스트를 복사하는 것이 다른 학생의 텍스트를 복사하는 것과 동일하다고 생각한다. 그러나 장기적으로 교수자, 연구자, 관리자, 학생은 특히 생성형 AI가 많은 사람들(학생과 교수 모두)의 글쓰기 과정에 더 많이 통합됨에 따라 표절과 학문적 정직성의 문제를 재평가하고 재정의해야 할 필요가 있다.

모든 논문과 기사가 비슷해진다면?

교육기관이 생성형 AI의 그늘에서 표절과 학문적 정직성을 재고할 필요가 있는 것처럼, 산업 부문도 비슷한 고민을 해결해야 한다. 가령, 생성형 AI 플랫폼을 사용하여 하이킹 신발을 만드는 데 사용되는 열가소성 엘라스토머의 발전에 관한 기사를 작성하는 여가산업 잡지나 블로그를 생각해 보라. 기사의 주제가 시의적절하고 산업 부문에 중요하며, 경쟁 출판물도 동일한 생성형 AI 애플리케이션을 사용하여 비슷한 기사를 생성했다고 가정해 보자. 생성형 AI는 거대언어모델에서 데이터를 뒤지기 때문에, 각 출판물의 기사는 불가피하게도 전달 내용과 어쩌면 글쓰기 스타일까지 유사할 수밖에 없을 것이다. 그렇다면, 산업계는 이러한 가능성에 비추어 직업적 정직성 정책을 어떻게 개발해야 할까? 그리고 생성형 AI를 사용하여 그러한 콘텐츠를 생산하는 '작가'는 어떻게 훈련을 받아야 할까?

너의 작업을 보여 줘!

많은 사람들이 생성형 AI 과정의 '뒤지기' 부분을 '블랙박스'라고 부른다. 입력값이 무엇이고 결괏값이 무엇인지는 볼 수 있지만, 입력에서 출력으로 이어지는 과정에서 무슨 일이 일어나는지 볼 수 없는 시스템이기 때문이다.

많은 학문 분야에서, 학생들은 A 지점에서 B 지점으로 이동하는 과정을 이해하고 있음을 증명할 자신의 작업을 보여 주어야 한다. 예를 들어 수학 교사가 학생들에게 10개의 방정식이나 증명을 푸는 과제를 냈는데 학생들이 각각의 과제에 풀이 과정 없이 답만 제출한다면, 그 답이 정답이든 오답이든 상관없이 교사는 그 방식을 인정하지 않을 것이다. 왜냐하면 교사는 과제를 통해 학생들이 문제 해결 '방법How'을 이해하는지 확인하고자 하기 때문이다. 실제로 많은 과학 수업에서 학생들은 과학 실험을 수행하는 '과정'에 대한 숙달도를 입증할 작업을 보여 주어야 한다.

1970년대에 작문 교수들은 작가들이 글을 창작하는 과정을 연구하여 글쓰기 과정이라는 아이디어를 개발했다. 일반적으로, 사전 작업, 자료 조사, 초안 작성, 콘텐츠 수정, 내용의 재구성, 편집, 교정, 마지막으로 출판이나 제출로 구별한다. 교수자가 학생들에게 신뢰할 만한 과정을 가르칠 수 있다면, 학생들은 수업뿐 아니라 직장, 시민 생활, 개인 생활 등 글을 써야 하는 모든 상황에서 그 과정을 사용할 수 있다는 것이 기본 착상이었다. 글을 쓰는 과정에 초점을 맞추다 보니, 글쓰기에 대한 관심도 이미 완성된 글이 아니라 글이 창조되는 과정으로 옮겨 갔다.

"너의 작업을 보여 줘!"는 오랫동안 교육의 주문 같은 것이었지만, 지금은 생성형 AI가 자신의 작업을 보여 줄 수가 없다. 생성형 AI는 에세이의 초안을 개선하는 작업, 즉, 초안 작성이나 수정 작업, 여러 벌의 초안을 내놓는 행위를 수행할 수가 없다. 무엇을 어떻게 썼는지 설명할 수도 없다. 따라서 생성형 AI에게 완성할 과제나 프롬프트를 주고 문제를 해결하거나 에세이를 써 달라고 요청하는 것만으로는 과제의 의도를 충족시킬 가능성이 없다. 마찬가지로, 그렇게 하는 것은 과제의 목적과 과제가 설계한 학습 경험을 무시하는 셈이 된다. 이런 관점에서 보면, 글쓰기에 생성형 AI를 사용하는 한층 더 협업적인 접근 방식이 문제의 소지가 적을 수 있다(4장을 참고하라).

인용

학문적 정직성과 생성형 AI 사용의 기본 원칙은 항상 **투명성**과 **참고문헌 표시**여야 한다.

인용의 목적은 독자가 저자가 사용한 자료의 출처를 찾아 저자의 자료 사용의 정확성을 재확인하고, 추가 연구를 수행할 수 있도록 하는 데 있다. 그러나 생성형 AI가 생성한 콘텐츠는 복구할 수 없다. 생성형 AI 플랫폼에 문서를 작성해 달라고 요청하면, 그 문서는 일반적으로 공개적으로 접근할 수 있는 형식으로 저장되지 않는다. 그 결과, 독자는 인용된 저널 기사, 서적 또는 웹페이지에서처럼 인용된 생성형 AI 출력물의 출처를 조사할 수가 없다.

이 말은 생성형 AI가 생성한 콘텐츠의 사용을 정직성과 투명성의 문제로 설명하는 것이 여전히 중요하다는 의미다. 대부분의 표준 인용 매뉴얼과 스타일 지침서는 생성형 AI 콘텐츠를 어떻게 인용해야 하는지 인용 접근 방식을 개발한 상태이다. 다음은 몇 가지 주요 스타일 가이드의 권장 사항이다.

현대언어협회(MLA)

현대언어협회의 설명에 따르면, 작가는

- 생성형 AI 도구가 만든 콘텐츠(텍스트, 이미지, 데이터 등)를 의역 및 인용하거나, 자신의 작업에 통합할 때마다 해당 도구를 인용해야 한다.
- 노트, 텍스트 또는 다른 적절한 위치에서 도구의 기능적 사용(산문 편집이나 단어 번역 등)을 모두 인정해야 한다.
- 인용한 2차 출처를 주의 깊게 검토해야 한다.[13]

그런 다음, 현대언어협회는 생성형 AI 콘텐츠를 인용하기 위한 MLA 템플릿에 이 접근 방식을 제공한다.

저자 AI 도구를 저자로 취급하는 것을 권장하지 않는다. 이 권장 사항은 MLA의 저널인 《PMLA》를 포함한 여러 출판사에서 개발한 정책을 따른다.

출처 제목 AI 도구로 생성된 바를 설명해야 한다. 만일 텍스트에서 그렇게 하지 않았을 경우, 프롬프트에 관한 정보를 출처의 제목 요소에 포함시켜야 된다.

괄호의 제목 괄호의 제목 요소를 사용하여 AI 도구의 이름을 지정해야 한다(예: ChatGPT).

버전 가능한 한, AI 도구의 버전을 구체적으로 지정해야 한다. 예를 들면, 이 책에서 제시하는 예시는 특정 날짜가 부여된 ChatGPT 3.5를 사용하여 개발했기 때문에 버전 요소에 이 버전 날짜가 표시된다.

출시자 이 도구를 만든 회사의 이름을 밝혀야 한다.

날짜 콘텐츠가 생성된 날짜를 제시해야 한다.

출처 이 도구의 일반 URL 주소를 제공해야 한다.[14]

현대언어협회는 생성형 AI 자료를 인용 목록에 표시하는 방식에 대해 다음과 같은 예시를 제시했다.

> "프롬프트: "스콧 피츠제럴드의 《위대한 개츠비》에 나오는 푸른 빛의 상징성에 대해 설명하라. ChatGPT 2월 13일 버전, 오픈AI, 2023년 3월 8일. chat.openai.com/chat."[15]

미국심리학회(APA)

미국심리학회의 출판 매뉴얼에 따르면, 생성형 AI의 채팅 세션 및 출력물은

"다른 독자가 검색할 수 없다. APA 스타일의 논문에서 검색할 수 없는 데이터나 인용문은 일반적으로 개인적인 의사소통으로 인용되지만, 챗GPT가 생성한 텍스트에는 소통한 사람이 없다고 인용한다. 따라서 채팅 세션에서 챗GPT의 텍스트를 인용하는 것은 알고리즘의 출력물을 공유하는 것과 같으므로, 알고리즘 작성자에게 참고문헌 목록 항목과 해당 텍스트 내 인용을 명시하라."[16]

다음은 미국심리학회의 사례이다.

"좌뇌, 우뇌의 분리는 실재인가, 은유인가?"라는 프롬프트를 입력했을 때, 챗GPT가 생성한 텍스트는 두 개의 뇌 반구가 다소 특화되어 있지만, "사람들을 '좌뇌형'이나 '우뇌형'으로 특징지을 수 있다는 표기는 지나친 단순화이고 대중적인 신화로 간주될 수 있다"고 지적했다.(오픈AI, 2023)

참고문헌 OpenAI. (2023). *ChatGPT* (3월 14일 버전) [거대언어

모델]. https://chat.openai.com/chat[17]

미국심리학회는 생성형 AI가 생성한 긴 출력물의 전체 텍스트를 부록에 포함할 수 있다고 명시했다.

전기전자공학회(IEEE)

전기전자공학회 스타일 지침서는 생성형 AI와 같은 복구 불가능한 자료에 대한 지침은 제공하지 않는다.

[#] 참고문헌 번호(내주 번호와 일치)
저자명
개인적 의사소통
약어 월과 연도 또는 서신
[1] H. Shi, private communication, 2022.4.[18]

따라서 생성형 AI의 출력물은 다음과 같이 인용된다.

챗GPT, 챗 출력물, 2022. 4.

MLA과 달리, IEEE는 생성형 AI를 저자로 인식한다는 점에 유의하라.

정리

고민할 거리

❶ 표절 좀 하면 어때? 인용 없이 생성형 AI를 사용하면 좀 어때? 이러한 관행에 아무런 제한이 없다면 학문적·사회적 정직성과 학업에 어떤 결과가 초래될까?

❷ 앞서 언급했듯이, (학생들 스스로 시행한) 학업적 명예 규정과 (교수진과 관리자들이 강제한) 기관이 부과한 정책 사이에는 역사적 구별이 있다. 그런 기원과 행정의 구별이 중요할까?

개념적 AI

❶ 챗GPT와 다른 생성형 AI 플랫폼이 '부정행위자의 도구'라는 생각이 생성형 AI에 관한 일반적인 대화에 널리 퍼져 있다. 그러나 모든 기술은 애초의 설계 의도와 예상 용도와 상관없이 사악한 방식으로 사용될 가능성이 있다. 긍정적인 영향을 미치도록 설계되었지만, 의도와 상관없이 부패하거나 파괴적인 목적에 사용된 기술의 사례는 셀 수 없이 많다. 이렇듯 학생들이 생성형 AI를 사용하여 부정을 저지를 방법에 대한 우려를 감안할 때, 긍정적 또는 부정적 결과를 가져올 가능성이 있는 기술로서 생

성형 AI를 어떻게 받아들여야 할까?

❷ 이 장에서는 학생들이 과제를 수행할 때 별다른 관심이나 투자 없이 '부정행위'를 할 가능성이 크다고 말했다. 이것이 사실이라고 생각하는가? 생성형 AI가 그러한 맥락에서 학생들의 부정행위를 어떤 방식으로 악화시킬까? 실제로 부정행위를 억제할 방법은 없을까?

❸ 생성형 AI 플랫폼의 글쓰기 출력물을 인용 없이 과제물에 포함시키면 표절일까? 생성형 AI가 생산한 이미지를 아무런 표식 없이 그대로 사용하면 표절일까? 텍스트 사용과 시각적 사용에는 도덕적 차이가 있을까? 있다면 무엇일까?

❹ 이 장의 시작 부분에서 컬럼비아대학 학부생 오웬 키치조 테리가 쓴 에세이를 떠올려 보라. 같은 에세이에서 테리는 다음과 같이 적었다.

"교수자들 사이에 흔히 있는 두려움은 AI가 실제로 우리 대신 과제를 써 준다는 것이지만, 그런 일은 일어나지 않는다. 챗GPT에게 프롬프트를 전달하고 완성된 작품을 요청할 수 있으나, 매우 일반적인 주장, 중학교 수준의 문장 구조, 원하는 단어의 절반으로 구성된 에세이를 얻게 될 가능성이 크다. 더 효과적이고 인기를 얻고 있는 전략은, AI가 글쓰기 과정을 단계별로 안내하도록 하는 것이다. 알고리즘에 주제를 말하고 중심 주장을 요청한 다음, 이 주장을 논증할 수 있는 개요를 제공하도록 한다. 주제에 따라 개요가 요구하는 각 문단을 하나씩 작성하게 한 다음, 더 매끄러운 흐름을 위해 직접 다시 쓸 수도 있다."

테리가 설명한 과정은 표절일까? 학문적 정직성을 위반하는 것일까?

❺ 글을 쓸 때 이미 맞춤법검사기나 문법검사기와 같은 AI 도구를 이미 사용하고 있을 수도 있다. 이러한 도구는 여러 면에서 우리의 학습을 변화시켰다. 더 이상 모든 단어의 철자를 올바르게 쓰는 방법을 알 필요가 없다. 더 이상 모든 문법 규칙을 알 필요가 없다. 이러한 종류의 도구를 사용하는 것이 학문적 정직성을 위반하는 것일까? 맞춤법 및 문법검사기와 같이 이미 사용이 허용된 AI 도구들과 사용이 종종 금지되는 생성형 AI를 비교한 짧은 에세이를 작성해 보라.

응용적 AI

❶ 생성형 AI 프로그램에 표절을 정의하라고 요청해 보라. 생성형

AI 사용이 학문적 정직성의 침해인지 묻는 프롬프트에 어떻게 응답하는가?

❷ 소속 기관의 학문적 정직성 정책을 위반하지 않고 생성형 AI를 어떻게 사용할 수 있는가? 챗GPT나 다른 텍스트 생성형 AI를 사용하여 기관의 학문적 정직성 정책에 부합하는 윤리적인 생성형 AI 사용법을 개발하라.

❸ 소속된 기관의 학문적 정직성 정책을 찾아보라. 그런 다음, 챗GPT나 다른 텍스트 생성형 AI를 사용하여 대학의 학문적 정직성과 생성형 AI 사용에 관한 포괄적인 정책을 만드는 프롬프트를 작성해 보라. 생성형 AI의 응답은 소속된 기관의 정책과 어떻게 다른가?

❹ 여러 미디어 사이트에서 생성형 AI를 사용하여 적발되지 않고 부정행위를 하는 방법에 대한 가이드를 게시했다. 챗GPT(또는 텍스트를 생성하는 다른 생성형 AI 플랫폼)에게 플랫폼을 사용하여 적발되지 않고 과제를 수행하는 방법에 대한 자세한 지침을 제공해 달라고 프롬프트를 입력해 보라. 챗GPT의 지침이 소속 기관의 학업적 정직성 정책과 호환되는가? 두 가지가 호환되도록 지침을 수정할 수 있는가(예를 들어, 모든 생성형 AI 콘텐츠의 인용을 표시)?

토론

1. 수년 동안 교수자들은 'TurnItIn'과 같은 표절 탐지 프로그램을 사용하여 학생이 제출한 작업의 표절 여부를 식별해 왔다. 이러한 탐지 프로그램은 비생성형 AI에 의존하며, 학생의 논문이 제출될 때마다 AI의 거대언어모델에 추가된다. 표절 식별 목적에는 AI를 허용하면서, 학생들이 과제를 마무리하는 데 AI를 사용하는 것을 금지하는 것은 모순이 아닐까?
2. 글쓰기 집중 과정에 등록한, 영어가 제2 언어인 학생을 상상해 보라. 에세이 과제가 주어지면, 학생은 모국어로 과제를 숙고하고, 모국어로 메모한 다음, 모국어로 에세이 초안을 작성하고 수정한다. 그런 다음, 학생은 구글 번역기(자연어 처리 AI의 한 형태)를 사용하여 에세이를 영어로 변환한다. 그런 다음, 영어 형식의 에세이를 편집 및 교정하여 제출한다. 학생이 이런 기술을 사용하는 것은 학문적 정직성을 위반하는 것일까?
   다음으로, 같은 수업에서 같은 과제를 받은 영어 원어민 학생을 가정해 보자. 이 학생은 영어가 모국어이지만 에세이에 대해 별다른 아이디어가 없다. 이 학생은 곧바로 생성형 AI를 사용해 아이디어를 생성하고 개요를 작성한 다음, 이를 출발점으로 에세이를 작성한다. 이것은 학문적 정직성을 위반하는 것일까?

마지막으로, 같은 반에 있는 다른 학생도 아이디어가 떠오르지 않아 어려움을 겪는다. 그래서 검색엔진을 사용하여 주제에 대해 자세히 알아보고 다른 그 주제에 대해 쓴 글을 본다. 학생은 이 정보를 사용하여 주제를 선택하고 에세이를 작성한다. 이것은 학문적 정직성의 위반인가? 이러한 상황들의 차이점과 유사점은 무엇인가?

❸ 표절에 대한 모니터링은 감시 행위인가, 교육 행위인가?

2부 기회와 응용

4장 생성형 AI 글쓰기

학습 목표

- 사전 단계에서 생성형 AI를 사용한다.
- 생성형 AI를 사용하여 자료를 조사하고 인용한다.
- 생성형 AI를 사용하여 초안을 작성한다.
- 생성형 AI를 수정 도구로 사용한다.
- 생성형 AI를 편집 및 교정 도구로 사용한다.
- 생성형 AI를 사용한 글쓰기의 장단점을 평가한다.

준비 단계

생성형 AI를 사용하는 글쓰기 방법에 대해 더 자세히 알아보기 전에, 학업적 글쓰기 과제와 다른 맥락에서 작성하는 글쓰기에 이미 인공지능과 생성형 AI에 의존하고 있는 방식에 대해 생각해 보라.

핵심 내용

이번 장에서는 생성형 AI를 가지고 글쓰기를 수행하는 실용적인 접근 방식을 검토한다. 생성형 AI를 글쓰기 과정에서 언제 어떻게 통합시킬지, 즉 AI를 가지고 글을 쓰는 방법을 살펴본다. 생성형 AI로 글쓰기를 하면 잠재적 이점이 많다. 가장 많이 언급되는 두 가지는 효율성과 시간 절약이다. 3장에서 논의한 것처럼, 학생들이 과제를 수행할 때 부정행위를 저지르는 일반적인 이유는 잘못된 시간 관리라는 점을 기억해 보라. 생성형 AI는 글쓰기 과제를 완료하는 데 드는 시간을 줄일 수 있다.

생성형 AI 중에서 챗GPT가 글쓰기 도구로 대중의 관심을 끌었지만, 다른 무료 및 구독 기반 글쓰기 생성형 AI 플랫폼도 사용할 만하다. 특히 그래머리Grammarly는 문법, 철자, 스타일, 어조에 대한 인공지능 지원을 제공한다고 선전한다. 구독 플랫폼인 워드튠Wordtune은 유사한 리소스를 제공하지만, 인공지능의 지원이 창안과 배치까지 포함한다.

2, 3장에서 본 것처럼, 생성형 AI 사용이 위험할 수 있는 이유는 여러 가지가 있다는 점을 명심해야 한다. 핵심은 정직성과 환각이다. 이번 장에서는 인간 저작을 대체하기 위한 생성형 AI의 전면적 사용보다는 인간과 기계의 협업을 장려한다. 또한, 인간 저자가 생성형 AI에서 생성된 모든 콘텐츠의 정확성과 연관성을 확인하고 글쓰기 과정의 모든 단계에서 윤리적인 측면을 고려하는 것의 중요성을 강

조한다. 인간 저자가 주 저자여야 한다. '저자author'라는 단어는 '권한authority'와 같은 어근에서 파생되었음을 기억하자. 문서의 저자라고 주장하는 것은 해당 문서에 대한 권한을 갖는다는 것이다.

창안과 사전 작업

글쓰기 과정은 '사전 글쓰기'에서 시작된다. 사전 글쓰기는 실질적인 글쓰기 이전에 수행하는 모든 활동을 일컫는다. 사전 글쓰기는 글쓰기 과정에서 중요한 부분이지만, 많은 사람들이 글쓰기 과제를 시작하는 것을 너무 어렵게 느끼기 때문에 이 단계가 가장 어려운 일이 된다.

글쓰기 교수자들이 '글쓰기 과정'을 공식적으로 가르치기 훨씬 전에, 고전 수사학자들은 연설가나 작가가 연설문이나 글을 생산하기 위해 거쳐야 하는 단계를 분류하는 수단인 수사학의 5가지 규범을 식별했다. 바로 창안, 배열, 스타일, 기억, 전달이다. 기원전 50년경, 로마의 연설가이자 법률가인 키케로는 저서 《창안론De Inventione》에서 수사학의 5가지 규범을 사용할 수 있고 가르칠 수 있는 체계로 정리했다. 그리고 약 150년 뒤, 로마의 수사학자 퀸틸리아누스는 12권의 방대한 저작인 《웅변술 교본Institutio Oratoria》(현대의 교과서와 매우 유사한)에서 5가지 규범에 대한 우리의 이해를 확장했다. 수사학의 5가지 규범은 우리가 글쓰기에 대해 생각하고 가르치는 방식에 지대한 영향을 미쳐, 오늘날 우리가 글쓰기 과정을 이해하는 초석이 되었다.

다섯 가지 규범은 **창안** Inventio에서 시작한다. 우리는 이것을 글쓰기의 일부라고 이해하고, 우리가 사용할 아이디어와 주장을 '창안한다.' 대부분의 창안은 생각에서 시작된다. 우리는 글쓰기 작업이 무엇인지를 생각한다. 우리는 글쓰기 과제가 무엇을 의미하는지 생각한다. 과제를 내준 교수자가 우리에게 무엇을 원하는지 생각한다. 또한, 이 과제에 응하는 우리 자신의 동기에 대해서도 생각한다. 이 과제에서 어떤 점이 흥미로운가? 무엇이 혼란스러운가? 과제에 대해 아는 것은 무엇이고, 모르는 것은 무엇인가? 우리는 또한 글의 독자를 생각하고 독자가 글의 내용과 방식에 어떤 영향을 미치는지도 생각한다. 우리 자신의 생각을 촉발하고 주제를 둘러싼 주요 아이디어와 대화에 익숙해지기 위해, 다른 사람들이 해당 주제에 대해 말하거나 쓴 글을 읽는 것도 사전 글쓰기의 중요한 부분에 속한다.

사전 글쓰기는 또한 주제에 대한 생각을 철저하게 다루되 통제할 수 없는 것은 아닌 구체적인 논제로 다듬기 시작하는 글쓰기 과정의 단계이다. 사전 글쓰기는 아이디어를 관리 가능한 것으로 집중시키는 데 도움이 된다. 여기에는 여러 방법이 있다. 읽기, 토론, 목록 작성, 노트 정리, 브레인스토밍, 개요 짜기, 자료 조사, 마인드 매핑, 자유로운 쓰기. 최근에는 웹 검색과 위키피디아 같은 자원이 사전 글쓰기의 인기 있는 접근 방식이 되었다.

생성형 AI는 사전 글쓰기를 도와줄 수 있는 또 다른 강력한 도구이다. 이미 사용하고 있는 검증된 사전 글쓰기 전략을 포기하는 것은 어리석은 일이지만, 생성형 AI가 이러한 전략을 어떻게 향상시켜 줄지를 생각해 보라.

글쓰기 교수자와 기관의 정책을 따르면서, 사전 글쓰기 단계에서 다음과 같은 방식으로 생성형 AI를 활용해 보라.

- **아이디어 생성** 생성형 AI가 주어진 주제에 다양한 관점을 제공하도록 프롬프트를 작성하라. 과제를 생각하면서 간과했을 수 있는 대안적인 관점을 제공해 줄 수 있다.

- **영감** 글쓰기 과제를 수행할 때 가장 어려운 부분은 시작할 때이다. 글쓰는 사람의 막힘, 관심 부족 또는 이해 부족 때문에 시작이 힘들 때가 있다. 생성형 AI에게 과제의 첫 문장을 제시해 달라고 요청하고 다음 문장은 직접 작성해 보라.

- **토론** 과제에 대해 이야기하는 것은 도움이 될 수 있지만, 적당한 이야기 상대를 찾는 게 어려울 때가 있다. 룸메이트, 가족, 친구들이 같은 수업을 듣지 않으면 해당 과제에 별 관심이 없을 수도 있다. 생성형 AI(특히 챗GPT와 같은 챗봇)는 대화에 참여하여 해당 주제에 대한 아이디어를 정리하는 데 도움을 줄 수 있다.

- **방향성** 생성형 AI는 우리가 쓰고자 하는 주제에 관한 주요 작가와 입장을 찾는 데 도움을 줄 수 있다. 해당 주제에 대해 이미 쓰여진 텍스트로 안내해 줄 것이다. 해당 주제에 관한 대화에서 일류 선수가 누군지를 식별할 수 있다. 생성형 AI에게 해당 주제에 대해 쓰인 가장 중요한 논문들을 식별해 달라고 요구한 다음, 그 글들을 읽어 보라.

자료 조사

대부분의 학술적 글쓰기는 일정 정도의 자료 조사를 요구한다. 학술 분야에서는 일반적으로 자료 조사를 이용 가능한 정보에 대한 체계적인 검토와 연구를 의미하는 것으로 이해한다. 그러한 폭넓은 이해는 여러 학문 분야에 적용될 수 있지만, 모든 학문마다 고유한 자료 조사 방식이 있다. 특정 학문 분야의 맥락에서 자료 조사 방법을 이해하고 사용하는 것이 중요하다.

인문학의 자료 조사는 사회과학의 자료 조사와 다르듯이, 자연과학이나 컴퓨터공학, 예술 등과도 다르다. 예를 들면, 인문학의 자료 조사에는 허먼 멜빌의 《모비딕》에 대한 비평을 읽는 것이 포함된다. 제약 분야의 자료 조사에는 피험자 집단에게 신약을 투여하고 그 생리적 영향을 모니터링하는 것이 포함된다. 이 책의 주된 기획인 글쓰기 집중 과정에서 이루어지는 자료 조사는, 대부분 이전에 출간된 텍스트와 텍스트 정보를 사용하여 자신의 아이디어를 뒷받침하는 것을 포함한다.

생성형 AI는 유용한 자료 조사 도우미가 될 수 있지만, 어떤 자료를 사용할지 또는 그러한 자료의 가치를 결정하는 일을 그 도우미에게 맡겨서는 안 된다는 점을 인식해야 한다. 따라서 생성형 AI를 사용할 경우, 생성형 AI가 출력해 주는 자료 조사의 정확성과 가치를 확인하는 작업이 반드시 필요하고, 그 일은 누구도 대신해 줄 수가 없다.

생성형 AI는 관련 정보로 안내하고, 추가적인 독서에 중요한 출처를 식별하고, 주어진 주제에 대한 대화로 안내할 수 있다. 또한, 자료 조사의 핵심 요점을 요약해 줄 수도 있다. 이러한 요약은 방대한 정보를 종합하거나 주제나 텍스트에 대한 더 나은 이해를 얻는 데 유용하다. 그러나 앞에서 언급했듯이, 생성형 AI는 환각에 취약하다. 따라서 항상 그 요약의 타당성을 확인해야 한다.

현재 생성형 AI가 주어진 주제에 대한 자원을 식별하는 주요 방법으로 전통적인 웹 검색을 추월하거나 종합할 수 있는 방법에 대한 논의가 진행 중이다. 표준 검색엔진은 주어진 검색어와 일치하는 항목 목록만 제공하는 반면, 생성형 AI는 해당 정보를 요약하고 종합할 수 있다.

생성형 AI를 사용하여 자료 조사를 돕게 할 때 몇 가지 사항을 주의해야 한다.

- 모든 생성형 AI 플랫폼은 거대언어모델 안에서 접근할 수 있는 데이터에서만 정보를 제공할 수 있는데, 모든 거대언어모델에는 다양한 제한이 있다(2장 참고). 그러므로 모든 생성형 AI는 본질적으로 제한적이다. 자료 조사용 질문에 대한 생성형 AI의 출력물이 포괄적이라고 가정해서는 안 된다.

- 많은 생성형 AI 플랫폼의 거대언어모델은 업데이트하는데 시간이 걸리고, 주어진 주제에 대한 오래된 정보만 포함할 수 있다. 오래된 정보를 사용하면 작업의 관련성과 정확성이 떨어질 수 있다.

- 생성형 AI는 시스템에 내재된 편향성으로 인해 제한될 수 있다(9장 참고).

- 생성형 AI는 특히 서면 답변에서 환각을 일으키는 것으로 유명하다(2장 참고). 이것은 현재 심각한 문제이지만, 생성형 AI가 빠르게 개선되고 있는 영역 중 하나이다. 생성형 AI의 환각은 시간이 지나면서 빈도수가 낮아질 것으로 예상되지만, 생성형 AI가 출력하는 모든 정보를 반드시 확인해야 한다는 사실을 명심하라.

- 생성형 AI는 맥락을 이해하지 못하기 때문에 다른 맥락에서는 관련이 있지만 해당 주제와는 관련이 없는 정보를 출력할 수 있다.

인용

인용을 다는 이유는 독자가 정보의 원출처를 추적할 수 있도록 하기 위함이다. 인용은 다음과 같은 이유로 글쓰기에서 학문적 정직성에 매우 중요하다.

- 주장과 정보를 맥락화하는 방법에 대한 지침을 제공한다.
- 표절하지 않는 방법을 이해하고 있음을 보여 준다.
- 출처를 인정하고 아이디어를 어디에서 얻었는지 이해하고 있음을 보여 준다.
- 동료 심사를 통과한 선행 연구를 함께 배치하여 작업에 신뢰성을 더한다.

생성형 AI는 연구에 사용된 다른 자료들에 대한 인용 정보를 수집하고 분류하는 과정을 자동화하는 데 도움이 될 수 있다. 생성형 AI의 초창기 반복은 출력물을 생성하는 데 사용된 정보에 관한 소스 데이터를 쉽게 제공하지 못했다. 그러나 챗GPT 최신 버전과 워드튠Wordtune과 같은 글쓰기 생성형 AI 플랫폼은 인용을 제공하는 데 점점 더 능숙해지고 있다. 수업과 연구를 비롯한 학술적인 환경에서 생성형 AI를 계속 사용하면 이 분야에서 더 많은 개선이 이어질 것이다.

초안 작성

생성형 AI는 여러 벌의 초안을 제공하지 않는다는 점을 기억하라. 그것이 A(여러분이 제공한 프롬프트)에서 B(프롬프트에 대한 응답으로 반환하는 출력물)로 어떻게 이동했는지는 설명할 수 없다. 생성형 AI의 글쓰기 과정은 우리의 글쓰기 과정이 아니다.

어떤 학생이 생성형 AI에게 "《모비딕》에 관한 1천 단어 분량의 에세이를 쓰라"는 프롬프트를 입력했다고 하자. 그러한 프롬프트는 일반적이다. 그래서 생성형 AI가 그다지 흥미롭지 않은 광범위하고 식상한 답변을 출력했다고 하자. 그런데 과제를 내준 교수자는 보통 과제물 그 자체보다 한층 더 광범위하고 구체적인 글쓰기를 기대한다. 따라서 과제 지침을 단순히 프롬프트로 연결하는 식으로 생성형 AI를 사용하면, 일반적으로 훌륭한 출력물이 생성되지 않기 때문에 교수자의 기대치를 만족시키지 못한다.

여기서 세 가지 중요한 지점을 고려해야 한다.

❶ 생성형 AI를 사용하여 전체 문서의 초안을 작성해서는 안 된다. 생성형 AI는 초안의 제한된 부분에 대한 아이디어만 제

공하고, 사용자가 그것을 더 큰 전체에 통합해야 한다. 예를 들어, 《모비딕》에 관한 에세이를 쓰라는 과제를 받았다고 하자. 에세이의 앞부분에는 허먼 멜빌의 전기적인 정보를 제공하려 한다면, 생성형 AI에게 멜빌에 관한 특정한 사실들을 제공하라고 요청하는 것이다. 생년월일, 집, 교육, 경력 등. 이때 모든 정보를 다시 확인하여 정확성을 기해야 한다. 생성형 AI는 프롬프트에서 전체 텍스트가 아닌 세부 정보를 요청할 때 더 유용하고 더 상세할 수 있다.

❷ 프롬프트를 여러 번 수정해야 한다. 생성형 AI는 여러 프롬프트를 통해 사용자가 실제로 찾고 있는 출력물을 제공하도록 학습시킬 때 가장 잘 작동한다. 생성형 AI가 주로 개인적 삶에 초점을 맞춘 멜빌의 전기적 정보를 제공하고, 에세이의 내용은 멜빌의 문학가적 생애에 맞추려 한다면, 생성형 AI에게 이 점을 이야기하는 것이 좋다. 출력물이 목적에 맞게 유용해질 때까지 프롬프트를 계속 다듬어라.

❸ 출력물은 초안 작성에 도움이 되어야 하지, 그것 자체가 초안이 되어서는 안 된다. 생성형 AI는 그 자체로 '초안 작성'을 하지 않는다는 점을 기억하라. 생성형 AI는 프롬프트, 곧 과정이 아닌 제품에 대한 응답을 제공한다.

생성형 AI의 출력물이 초안처럼 나왔더라도 그것을 초안으로 사용해서는 안 된다. 초안에는 본인의 생각, 본인의 글쓰기 스타일, 과제에 부응하는 본인의 목표가 담겨야 한다. 따라서 생성형 AI의 출력물을 초안 삼아 거기에 본인의 아이디어를 집어넣기보다는, 본인의 아이디어로 초안을 작성한 다음에 생성형 AI를 사용하여 글에 살을 붙여라.

배열Arrangement은 수사학의 5가지 규범 중 하나다. 이것은 문서에 정보를 구성하는 방법을 가리킨다. 글의 내용을 배열하는 방식은 글쓴이의 목표와 작성하는 문서의 종류에 따라 달라진다. 예를 들면, 전통적인 학술 논문을 쓸 때에는 서론으로 시작하여 가장 중요한 것부터 덜 중요한 것까지 구성된 특정 사례에 관한 정보를 전달

검사기 없이 글을 쓴다면?

맞춤법검사기와 문법검사기는 학생들이 글을 쓰는 방식을 어떻게 변화시켰는가? 문서를 작성하라는 요구를 받았는데 문법검사기를 사용하지 못한다면, 그 글쓰기는 마이크로소프트 워드나 그래머리 같은 문법검사기를 사용한 글과 어떻게 다를까? 교수자가 맞춤법검사기나 문법검사기를 사용해서는 안 된다고 말한 적이 있는가? 학생들이 문법 규칙을 죄다 알아야 할까? 왜 그러한가? 이러한 도구들이 우리가 글쓰기에 대해 알아야 할 것들을 어떻게 변화시켰는가?

하는 단락으로 이어질 수 있다.

반면에, 팟캐스트 대본을 쓸 때에는 가장 중요한 세부 사항이 끝까지 드러나지 않도록 정보를 배열할 수 있다. 생성형 AI 플랫폼에 해당 글쓰기의 구성을 점검하고 대안적인 배열을 제안해 달라는 프롬프트를 입력하는 것은 꽤 도움이 된다. 생성형 AI는 또한 방대한 글을 하나의 유동적인 문서로 종합하고 구성할 때에도 유용할 수 있다. 생성형 AI는 초안의 여러 부분을 취하여 그것들을 응집력 있는 문서로 결합하고 구성하는 데 도움이 될 수 있다.

자동생성 텍스트

생성형 AI는 또한 개별 문장의 초안을 작성하고 글에서 단어를 선택하는 강력한 도구가 될 수 있다. 자동생성 텍스트는 문자메시지 시스템과 일부 소셜미디어 플랫폼뿐만 아니라 마이크로소프트와 같은 워드프로세서의 기능이다. 자동생성 텍스트는 거대언어모델 내의 패턴을 식별하고, 다른 글쓰기에서 반복되는 패턴을 기반으로 다음에 입력할 가능성이 가장 높은 글자나 단어를 예측하는 생성형 AI 유형이다. 자동생성 텍스트는 입력해야 하는 타자 수를 줄여 타이핑 속도를 높일 수 있다. 또한, 독자가 공감하는 언어를 제안한다는 점에서 가치가 있다.

자동생성 텍스트를 구동하는 동일한 기능은 맞춤법검사기와 문법검사기에서도 작동하여 수정이나 제안을 제공할 수 있다. 학술적 글쓰기에서는 문법적 정확성이 중요하다는 점을 감안할 때, 이러한 종류의 자동생성 텍스트 기능은 글쓰기를 학술적(전문적 및 시민적) 기대치에 더 잘 맞게 조정하는 데 도움이 될 수 있다.

수정하기

수정하기Revision는 문서에 큰 변화를 만드는 과정으로 생각할 수 있다. 문법적 오류를 고치는 것과 같은 작은 문제는 나중에 편집하면서 해결할 수 있다(다음 절 참고). 수정은 글쓴이가 가장 주의해야 하는 글쓰기 과정의 일부이다. 이 작업은 보통 글쓰기 과정의 다른 부분보다 시간이 훨씬 많이 걸린다. 수정은 종종 끝없이 계속될 수 있는 작업이다. 실제로 글쓰기 작업을 완료하려면, 글쓰기가 목표를 충족시켰을 때 멈추도록 규칙을 정할 필요가 있다.

생성형 AI는 문서를 어떻게 수정해야 하는지 유용한 통찰력을 제공할 수 있다. 그러나 효과적으로 수정 작업을 수행하려면, 우리가 성취하고자 하는 결과물로 이끌어 주는 여러 프롬프트를 생성형 AI에게 제공해야 한다. 생성형 AI에게 "이 에세이를 수정하라"고 말하는 것만으로는 우리가 어떤 종류의 수정을 원하는지에 대한 충분한 정보를 봇에게 제공하지 못한다.

스타일Style도 수사학의 5가지 규범 중 하나이다. 스타일은 우리의 글을 독자와 연결시키는 데 도움이 되는 선택이라고 할 수 있다. 여기에는 독자가 우리의 글을 '듣는' 방식에 영향을 미치는 단어, 문장 구조, 어조가 포함된다.

생성형 AI 도구는 여러 가지 방법으로 글쓴이가 스타일을 조정하는 데 도움이 될 수 있다. 일반적으로, 생성형 AI 도구는 다음과 같은 일을 수행한다.

- 글 전체에 걸쳐 스타일이 일관되도록 보장
- 텍스트를 다른 스타일로 변경
- 문서의 스타일을 개선하는 방법을 제안

디지털 리터러시의 중요성에 관한 학술 과제를 수행하기 위해 작성된 다음 예시 단락을 살펴보자. 이 단락은 공식적인 학술적 스타일로 사람이 작성한 것이다.

> "디지털 리터러시Digital literacy(디지털 문해력)는 오늘날 급속도로 발전하는 기술 환경에서 중요한 기술 세트이다. 다양한 목적을 위해 디지털 도구와 자원을 효과적으로 탐색하고, 평가하고, 활용하는 능력이 여기에 포함된다. 디지털 리터러시는 단지 기술적인 숙련도에 국한되지 않는다. 비판적인 사고, 정보 리터러시, 윤리적 고려가 포함된다. 디지털 리터러시를 갖춘다는 것은 디지털 미디어와 기술을 책임감 있게 다루는 데 필요한 지식과 기술을 보유한다는 것을 의미한다.

디지털 리터러시는 개인이 온라인 정보의 신빙성을 비판적으로 평가하고, 신뢰할 만한 출처와 오해할 만한 출처를 구별하고, 디지털 분야에서 프라이버시와 보안을 지킬 수 있게 한다. 더 나아가, 디지털 리터러시는 개인이 디지털 환경에서 창작하고, 협업하고, 소통할 수 있는 역량을 제공하여 혁신과 생산성을 촉진한다. 점점 더 상호 연결되는 세상에서, 디지털 리터러시는 개인이 디지털 시대에 적극적으로 참여하고 정보에 입각한 결정을 내릴 수 있도록 하는 기회로 가는 관문 역할을 한다."

생성형 AI에게 "이 단락을 비공식적인 스타일로 수정하라"는 프롬프트를 입력하자, 다음과 같은 수정안이 되돌아왔다.

"이봐, 요즘에는 모든 게 너무 빠르게 움직이기 때문에 기술에 능숙한 것이 매우 중요해. 디지털 자료를 잘 다루고, 무엇이 좋고 나쁜지 파악하고, 필요한 모든 것에 사용하는 것이 중요해. 그러나 기술에 정통한 것만이 전부는 아니야. 비판적으로 생각하고, 정보를 찾고 사용하는 방법을 알고, 관련된 윤리를 인식해야 해. 디지털에 정통하다는 건 디지털 미디어와 기술을 책임감 있게 사용할 수 있는 노하우를 갖고 있다는 의미야. 온라인에서 무엇이 합법적인지 파악하고, 가짜를 식별하고, 개인정보를 안전하게 보호하는 데 도움이 돼. 게다

> 가 디지털 세계에서 만들고, 공유하고, 채팅하는 기술을 제공하여 창의성과 생산성을 크게 향상시킬 수 있지. 모든 것이 연결된 세상에서 디지털에 정통하면 문이 열려. 디지털 시대에 참여하고 현명한 선택을 하도록 해 줘."[19]

이런 식의 스타일 수정안이 다소 과장되어 보일 수 있지만, 생성형 AI가 제공할 수 있는 스타일 수정안이 어떤 것인지를 보여 준다. 프롬프트를 다듬고 여러 프롬프트를 제공하면 한층 더 바람직한 결과를 얻게 된다. 다음은 생성형 AI에게 다시 이렇게 요구했을 때 얻은 수정안이다. "이 단락을 다시 한 번 수정해 봐. 이번에는 단어를 조금 더 줄이되, 조금 더 전문적인 스타일로. 비공식적인 스타일은 그대로 유지해 줘."

> "기술에 정통한 건 빠르게 변화하는 디지털 세계에서 핵심이야. 가제트를 다루는 방법을 아는 것 이상이지. 비판적 사고, 신뢰할 수 있는 정보 찾기, 디지털 윤리의 이해에 관한 것이야. 디지털 리터러시가 있다면 책임감 있게 기술을 사용하고, 가짜 뉴스를 찾아내고, 온라인 개인정보를 보호할 수 있어. 게다가 디지털로 창작하고, 협업하고, 소통할 수 있는 도구도 제공해 주지. 상호 연결된 세상에서 디지털 리터러시는 있으면 좋은 것이 아니라 꼭 필요한 거야. 디지털 시대에 적극적으로 참여하고 현명한 결정을 내릴 수 있는 티켓 같은 거야."[20]

아마도 생성형 AI가 수정 작업을 지원할 수 있는 가장 유익한 방법은 피드백을 제공한다는 점일 것이다. 그러나 구체적인 지시 없이 생성형 AI에게 글쓰기에 대한 피드백을 제공해 달라고 요청하는 것은 소용이 없을 수 있다. 친구, 급우, 룸메이트 또는 가족에게 학교 과제로 쓴 것을 읽어 달라고 부탁하면서 그들이 수정 작업을 도와줄 것이라 기대했는데, 간단하게 "좋은데"라는 답변만 돌아왔다고 생각해 보라. 프롬프트가 없다면, 다른 사람들은 무엇을 찾아야 할지 모를 것이다. 생성형 AI도 마찬가지다.

생성형 AI에게 검토를 요청할 수 있는 글쓰기의 요소는 많다. 다음 프롬프트를 고려해 보라.

- 해당 글이 과제의 목표를 충족하는가?
- 원하는 독자가 있다면(대학생 또는 마케팅 매니저 등), 글의 어조와 내용, 형식과 구성이 그 독자에게 적합한가?
- 내용의 초점이 맞는가?
- 주장은 타당한가?
- 근거가 주장을 뒷받침하는가?
- 정보가 잘 개발되고 촘촘한가?
- 중요한 정보가 누락되었는가?
- 자료는 정확하게 인용되었는가? (스타일 가이드를 제공하라. MLA, APA)
- 포함된 정보가 논제의 맥락 안에서 종합되었는가?

- 정보가 논리적으로 제시되었는가?
- 정보가 명확하게 제시되었는가?
- 서론에서 논제의 내용을 명확하게 소개하는가?
- 서론은 매력적인가?
- 논증은 분명하고 명확한가?
- 목적을 분명하게 전달하고 있는가?
- 단락은 논리적으로 구성되어 있는가?
- 각 단락의 연결은 매끄러운가?
- 각 단락의 목적은 분명한가?
- 제목이 각 구절의 내용과 부합하는가?
- 주제문은 분명한가?
- 단락 바꾸기가 단락 사이의 연결을 분명하게 하는가?
- 결론이 문서를 명확하게 끝맺는가?

편집과 교정

수정이 내용과 구성과 같은 큰 요소에 초점을 맞춘다면, 편집과 교정은 문장 구조, 문법, 구두점, 철자와 같은 세부 사항에 중점을 둔다. 편집과 교정은 일반적으로 과정의 마지막 부분이지만, 대부분의 필자는 집필 작업 전반에 걸쳐 편집을 수행한다. 맞춤법검사기가 오류를 식별하자마자 단어의 철자를 고치는 일은 쉽다. 검사기의 알림 표시를 의도적으로 무시하는 건 어리석은 일이다. 그래서 공식적으로 글쓰기 과정의 마지막 단계로 이해되지만, 편집과 교정은 종종 전체적으로 종합된다.

기술적으로 편집과 교정은 동일한 것이 아니지만, 특히 마감일이 촉박한 작가들은 두 가지를 혼동하는 경우가 흔하다. 편집은 가독성, 즉 더 읽기 쉽게 만드는 것을 포함한다. 여기에는 명확성과 간결성을 개선하는 것과 장황함을 수정하는 것이 포함된다. 교정은 동사 구성, 구두점, 문법, 철자와 같은 공식 규칙에 따라 글을 수정하는 것을 포함한다.

교정 문제는 마이크로소프트와 같은 워드프로세서에서 내장된 생성형 AI 도구를 사용하여 해결할 수 있다. 그러나 챗GPT, 워드튠, 그래머리와 같은 생성형 AI를 사용하여 초안을 교정하고 편집하면 문서의 정확성과 가독성을 다듬는 데 더 도움이 될 수 있다.

예를 들면, 생성형 AI 도구에 단어 선택을 정교하게 하라는 제안을 줄 수 있다. 일반적으로 학생들은 단어를 반복하거나 동일한 동사를 너무 자주 사용한다. 작성된 문서에서 같은 단어가 반복되면 독자가 문서의 목소리를 '듣는' 방식에 영향을 미친다. 단어 반복을 확인하는 한 가지 방법은 워드프로세서의 검색 기능을 사용하는 것이다. 다음 단락을 보자.

> "디지털 글쓰기는 우리의 의사소통 방식에 혁명을 일으키는 역동적이고 끊임없이 진화하는 매체이다. 이것은 디지털 영

역에서 단어가 살아 숨 쉬는 광활한 풍경이다. 디지털 글쓰기의 본질은 독자가 실시간으로 참여하고, 의견을 달고, 생각을 공유하는 상호작용에서 포착된다. 이것은 접근 가능하고 포괄적인 매체로, 버튼만 한 번 클릭하면 전 세계 청중에게 다가갈 수 있다. 디지털 글쓰기는 가상공간에서 여러 목소리를 원활하게 병합할 수 있는 강력한 협업 도구이다. 이것은 끊임없이 진화하고, 새로운 기술과 트렌드에 적응하며, 창의성과 표현의 경계를 넓히는 플랫폼이다."

이 6개의 문장에서 'is' 동사를 9번 반복하는 것은 문법적으로 정확할 수 있지만, 텍스트를 읽는 것을 번거롭게 만든다. 반복을 식별하라는 프롬프트를 제공하면, 생성형 AI는 반복을 식별해 낸다. 생성형 AI 플랫폼은 좀 더 역동적인 동사를 제안할 수도 있다. 그러나 그렇게 하면 꽤 이상한 제안이 나올 수 있으니 조심해야 한다. 다음은 위 문장의 'is' 동사를 식별하라고 했더니 나온 문장이다.

"디지털 글쓰기는 역동적이고 끊임없이 변화하는 매체로 번성하며 우리가 의사소통하는 방식을 개편한다. 그것은 디지털 영역에서 단어가 불타오르는 광활한 풍경으로 펼쳐진다. 디지털 글쓰기의 본질은 독자가 실시간으로 뛰어들어 주석을 달고, 생각을 방송할 수 있는 상호작용성에서 포착된다. 이는 버튼 하나만 누르면 전 세계 청중과 소통할 수 있는 개

방적이고 포용적인 매체이다. 디지털 글쓰기는 가상공간에서 여러 목소리가 완벽하게 융합될 수 있는 강력한 협업 도구로 활용된다. 그것은 끊임없이 변화하고 새로운 기술과 트렌드에 맞춰 창의성과 표현의 경계를 허무는 플랫폼으로 지속되고 있다."[21]

따라서 대안으로 마이크로소프트에 내장된 동의어 사전에서 제공하는 단어 제안을 사용해 보는 것도 좋다. 또한, 단순히 글에 단어를 추가하기 전에 단어 의미의 뉘앙스를 이해해야 한다는 점도 기억하라.

생성형 AI가 편집과 교정을 수행하도록 프롬프트를 제공하는 방법은 여러 가지가 있다. 다음 프롬프트를 보라.

- 문법을 점검하라.
- 철자를 점검하라.
- 좀 더 좋은 단어와 문장 구조를 제안하라.
- (공식적, 비공식적) 어투를 점검하라.
- 스타일의 일관성을 점검하라.
- 과도하게 사용된 단어를 점검하라.
- 수동태 문장 구성을 점검하라.

에베레스트산 오르기

대학에서 교수자들은 학생들에게 배운 내용(글쓰기의 내용)을 드러내고 배운 내용을 전달하는 방법(글쓰기의 형식)을 알고 있음을 보여 주기 위해 글을 쓰라고 요구한다. 생성형 AI를 광범위하게 사용하면 글쓰기 과정의 각 부분을 수행하는 방법을 익히는 것과 같은 의도된 결과 중 일부를 우회할 수 있다. 그러나 일부 맥락, 특히 전문적인 맥락에서는 학습이 글쓰기의 의도된 결과가 아니며, 과제를 완료하는 것이 가장 중요하다.

생성형 AI 전문가인 캐스 엘리스는 최근 웹 세미나에서 생성형 AI를 사용하는 것과 사용하지 않는 것의 차이는 에베레스트산을 등반하는 것과 헬리콥터를 타고 산 정상에 오르는 것의 차이로 생각할 수 있다고 주장했다.[22] 물론, 헬리콥터를 타고 산 정상에 오르는 것도 정상에 오른 것이다. 그러나 헬리콥터를 타고 오르는 것과 두 발로 오르는 경험에는 차이가 있다.

헬리콥터 승객은 등반가만큼 산에 대한 깊은 지식은 없겠지만, 훨씬 짧은 시간 안에 작업을 완료할 수 있다. 등반가는 등반에 필요한 광범위한 기술을 익혀서 산을 떠날 것이며, 이후 등반을 할 때마다 더욱 능숙해질 것이다. 그러나 그러한 기술을 개발하려는 노력은 그 기술을 배우고자 하는 열망의 결과이다. 헬리콥터 승객은 아마도 전혀 다른 목표를 가지고 출발했을 것이다. 그들은 가능한 한 빨리 정상에서 경치를 보고 싶었을 수도 있고, 정상에서 과학 실험을 하느라 등반 경험이나 과정에 별다른 관심이 없었을 수도 있다. 또한, 헬리콥터 승객은 혼자서 에베레스트산 정상에 오르지 못한다는 점도 명심하라. 헬리콥터에 대한 접근성과 위험한 상황에서 헬리콥터를 조종하는 기술을 가진 사람을 포함하여, 헬리콥터 승객이 에베레스트에 오르려면 많은 자원이 필요하다.

에베레스트 정상까지 가는 헬리콥터 경로는 생성형 AI를 사용하는 글을 쓴다는 것에 대한 유용한 은유일 수 있다. 어떤 경로를 선택하든지 간에 과제는 완료할 수 있지만, 각 경로에서 얻는 것은 근본적으로 다르다. 목적에 따라 둘 중 하나를 선호할 수 있다. 등반가는 승객이 등산로를 속였다고 생각할 수 있고, 승객은 등반가가 정상에 오르는 데 비효율적이라고 생각할 수 있다. 에베레스트 등반 기술을 배우는 것이 가장 가치 있는 상황이 있고, 정상에 가장 효율적으로 오르는 것(그리고 헬리콥터를 시운전하는 기술을 배우는 것)이 더 중요한 상황도 있다. 글을 쓰면서 생성형 AI의 사용을 고려할 때, 작업의 상황과 관련된 윤리적 · 정책적 사항을 고려해야 한다.

정리

고민할 거리

❶ 생성형 AI는 글쓰기의 효율성에 꽤 도움이 될 수 있지만, 단점도 많다. 장점이 단점보다 클까?

❷ 많은 교육자들은 학생들이 어려운 문제를 해결하고 자신의 아이디어를 더 잘 표현하는 방법을 배우는 데 도움이 될 수 있다는 점이 글쓰기 과제의 이점이라고 말한다. 생성형 AI를 사용하면 상황이 달라질까? 무엇이 더 중요할까?

개념적 AI

❶ 이번 장에서는 생성형 AI를 사용하여 맞춤법검사기, 문법검사기, 동의어 제안기와 같은 도구를 사용해 스타일과 문법적 정확성을 해결하는 방법을 살펴보았다. 과거에는 정확성을 입증하는 것이 글쓰기 능력을 보여 주는 중요한 부분이었다. 그런데 생성형 AI로 정확성 문제가 해결될 수 있다면, 우리가 문법과 철자 규칙을 배워야 할 필요가 있을까?

❷ 우리는 종종 글쓰기 작업이 글쓴이와 그의 능력을 반영한다고 생각한다. 교수자는 글쓰기를 통해 학생이 주제를 얼마나 잘 알

고 있는지, 그러한 주제에 관한 정보를 얼마나 잘 표현할 수 있는지 판단한다. 이는 누군가가 다른 사람과 글을 공유할 때 종종 "나를 바보라고 생각할까?" 걱정하는 이유이기도 하다. 생성형 AI를 사용하여 글을 쓴다면, 이것이 필자로서의 우리에게 어떤 영향을 미칠까? 생성형 AI의 사용으로 필자와 글의 관계가 변할까? 우리가 존경하는 작가가 생성형 AI를 사용한다고 공개적으로 밝힌다면, 그 작가에 대한 우리의 인식이 바뀔까?

❸ 글쓰기에 생성형 AI를 사용하는 것에 대한 찬성 혹은 반대 입장을 설명하는 글을 작성해 보라. 텍스트와 시각 자료를 혼합하여 만들어 보라.

응용적 AI

❶ 과거에 받은 글쓰기 과제를 검토해 보라. 검색엔진을 사용하여 과제를 완료하는 데 사용할 가능성이 가장 높은 관련 출처들을 식별해 보라. 그런 다음, 생성형 AI 플랫폼을 사용하여 각 출처의 요약을 포함하여 동일한 과제에 대한 관련 자료 목록을 생성하라. 검색엔진과 생성형 AI의 출력물은 유용성, 정확성, 적시성 측면에서 어떻게 비교되는가? 특정 요구 사항에 대한 응답을 다듬기 위해 각각의 질문을 어떻게 수정할 수 있는가?

2. 이번 장에서 설명한 전략을 사용하되, 생성형 AI 플랫폼을 활용하여 학교나 직장 과제로 이미 제출한 문서를 수정해 보라. 생성형 AI의 제안이 도움이 되는가? 어떤 방식으로 도움이 되는가?
3. 창안에서 편집까지 글쓰기 과정의 모든 단계에서 생성형 AI를 사용하여 대학 글쓰기 과제에서 생성형 AI를 사용하는 방법에 관한 전통적인 학술 에세이를 작성해 보라.

토론

1. 글쓰기 교수자들은 학생들이 글쓰기 과제에 접근할 수 있는 관리 가능한 방법으로 글쓰기 과정을 강조하는 반면, 대부분의 학생들(과 대부분의 작가들)은 실제로 글을 쓸 때 '글쓰기 과정'의 융복합 버전을 사용한다. 사실 (지나치게 냉소적일 수 있겠지만) 학생들의 전형적인 글쓰기 과정을 다음과 같은 방식으로 설명하는 것이 더 정확할지 모르겠다.

- 교수자로부터 과제를 받는다.
- 마감일과 단어 수와 같은 다른 요구 사항을 점검한다.
- 과제를 치워 둔다.
- 마감일 하루 이틀 전에 과제를 다시 읽는다.

- 과제의 주제를 구글링하고 메모를 몇 가지 작성한다.
- 교수자의 관련 메모를 찾아본다.
- 워드프로세서에서 새 문서를 만든다.
- 인터넷 검색과 수업에서 한 메모를 사용하여 글쓰기를 시작한다.
- 먼저 서론을 쓴 다음, 제시된 단어 수에 도달할 때까지 계속 쓴다.
- 자료 조사가 수행되었음을 입증하기 위해 인터넷 검색에서 인용문을 통합한다.
- 문서의 맞춤법과 문법을 검사한다.
- 문서를 한 번 이상 읽어 보고 약간의 수정을 가한다.
- 제출한다.

여러분이 배운 것과 비교하여 글쓰기 과제에 접근하는 방식의 실제 상황에 대해 토론해 보라. 만약 글쓰기 과정이 이번 장의 앞부분에서 정리한 이상적인 과정보다 위에서 설명한 것과 더 유사하다면, 생성형 AI를 사용하면 이상적인 수준에 더 가까워질 수 있다고 생각하는가, 아니면 이상에서 점점 더 멀어진다고 생각하는가?

❷ 이번 장은 등반이나 헬리콥터로 에베레스트 정상에 오르는 비유로 끝난다. 이 비유를 놓고 토론하고, 그것이 글쓰기에 대한 관점에 영향을 미치는지 토론해 보라.

5장 프롬프트 엔지니어링

학습 목표

- 생성형 AI 사용에서 프롬프트(명령어)의 역할을 파악한다.
- 프롬프트 엔지니어링의 기능을 설명한다.
- 효과적인 프롬프트의 특성을 설명한다.
- 효과적인 프롬프트 수정 전략을 인식한다.
- 강력한 프롬프트 작성 기술을 보여 준다.

준비 단계

누군가에게 프롬프트를 제공한다는 것은 무슨 의미인가? 교수자가 글쓰기 프롬프트를 사용해 학생들이 특정한 글쓰기 작업을 수행하도록 유도하는 방법은 무엇인가? 인간에게 효과적인 프롬프트와 인공지능에 효과적인 프롬프트는 어떻게 다른가?

핵심 내용

프롬프트(명령어)를 작성하고 이후에 이를 조정하는 과정을 **프롬프트 엔지니어링**Prompt Engineering이라고 한다. 다른 도구와 마찬가지로, 생성형 AI로부터 원하는 결과를 얻으려면 성공적인 프롬프트 엔지니어링을 통해 숙련된 실행이 필요하다. 간단한 프롬프트는 간단한 답변을 되돌려줄 것이고, 불분명한 프롬프트는 요구 사항에 부합하지 않는 출력물을 반환할 가능성이 높다. 빈약한 프롬프트는 허약한 글쓰기로 변환될 수 있으므로, 이번 장에서는 프롬프트 작성 전략과 프롬프트 엔지니어링의 작동 방식에 대한 이해를 향상시키는 데 중점을 둔다.

효과적인 프롬프트 작성하기

프롬프트는 반응을 유도하는 데 사용되는 지침이다. 예를 들면, 머뭇거리는 화자에게 간단한 질문을 던져 말을 시작하게 할 수 있다. 학술적 글쓰기 과제도 학생들이 원하는 결과물을 만들도록 유도하는 일종의 프롬프트이다. 누군가에게 프롬프트를 제공하는 방법은 여러 가지가 있다. 몇 마디의 격려, 암시적인 문구, 호기심 어린 눈빛, 심지어 몸짓까지. 텍스트로 써진 프롬프트는 종종 명시적인 지침의 형태를 취한다.

생성형 AI용 프롬프트는 사용자가 의도하는 출력물 유형을 생성하도록 유도해야 한다. 다음과 같은 프롬프트들이 전형적으로 좋은 프롬프트이다.

- **분명한 프롬프트** 생성형 AI 프로그램은 우리와 같은 방식으로 의미를 해석하지 않는다는 점을 기억하라. 생성형 AI 프로그램은 진술된 것과는 다른, 인간이 실제로 의도한 바를 가정할 수 없다. 이와 같은 명확성이 효과적인 프롬프트 작성의 핵심이다. 모호한 프롬프트는 생성형 AI 프로그램이 인간이 의도한 바를 추측하게 할 수 있으며, 이는 환각의 가능성을 높인다.

- **구체적인 프롬프트** 프롬프트는 구체적이어야 한다. 그래야 생성형 AI가 출력물을 추론하기에 충분한 세부 정보를 얻을 수 있다. 애매한 프롬프트는 애매하거나 일반적인 출력물을 낳는다. 예를 들면, 생성형 AI 프로그램에 "《폭풍의 언덕》에 관한 에세이를 쓰라"거나 "인터넷 검열에 관한 글을 작성하라"고 요청했는데 강력한 결과물이 나올 리 없다.

- **맥락적 프롬프트** 맥락적 세부 정보를 제공하지 않는 프롬프트는 핵심을 놓친 출력물을 내놓을 가능성이 높다. 의도하

는 독자, 글의 시나리오(저널리즘 기사인지, 간단한 전문적 이메일인지), 의도하는 어조와 스타일을 포함하여 가능한 한 많은 맥락적 세부 사항과 배경 정보를 제공하라.

- **정확한 프롬프트** 생성형 AI는 현재 올바른 정보와 그릇된 정보를 구분할 수 없다. 따라서 프롬프트의 일부로 부정확한 정보를 사용하는 경우, 생성형 AI는 프롬프트의 주장을 사실로 간주하여 그릇된 정보가 포함된 출력물을 반환할 가능성이 높다(프롬프트에 사용된 잘못된 정보는 생성형 AI의 거대언어모델의 일부가 되고, 이는 향후 생성형 AI 프로그램의 출력물

글쓰기 과제가 '글쓰기 프롬프트'?

이제 글쓰기 과제를 '글쓰기 프롬프트'라고도 한다. 특정한 방식으로 과제에 응답하도록 〔생성형 AI를〕 격려하는 과제, 원하는 결과로 〔생성형 AI를〕 안내하는 과제라는 뜻이다. 그러나 글쓰기 과제는 생성형 AI가 아니라 글쓰기를 하는 인간 학생을 격려하고 인도하고자 설계되었다. 효과적인 글쓰기 과제와, 이와 유사한 결과를 목표로 하는 효과적인 생성형 AI 프롬프트를 비교해 보라. 학생들이 글쓰기 과제를 수정하여 생성형 AI에 더 효과적인 프롬프트로 만드는 것이 잘못된 일일까? 교수자가 글쓰기 과제를 낼 때, 아예 생성형 AI 프롬프트에 어떤 단어를 입력하라고 조언해 줘야 할까?

에도 악영향을 미칠 수 있다).

- **윤리적 프롬프트** 모든 학문 분야, 직업적·개인적 상황에는 고려해야 할 일련의 윤리적 기대가 따른다. 일반적으로 프롬프트는 생성형 AI를 공격적인 콘텐츠, 의도적으로 오해의 소지가 있는 콘텐츠 및 해를 끼칠 수 있는 콘텐츠로 유도하지 않아야 한다. 생성형 AI 프로그램은 종종 편향성을 보인다는 사실(9장 참고)을 명심하고, 이러한 편향성을 인식하고 프롬프트를 작성해야 한다.

프롬프트 다듬기

효과적인 프롬프트는 다듬기와 섬세한 교정의 결과이다. 일부 수정은 프롬프트의 재구성이 필요할 수 있다. 한두 마디만 바꾸면 되는 경우도 있다. 프롬프트 엔지니어링 과정은 시행착오의 과정이고, 일반적인 성공 규칙을 제공하기가 어렵다. 그럼에도 불구하고, 처음의 프롬프트가 원하는 출력물로 이어지지 않을 때 고려해야 할 몇 가지 전략이 있다.

- **작업의 세부 사항을 명료하게 하라** 단어 수, 활용 자료의 유형, 의도하는 청중을 포함하여 원하는 바가 무엇인지 정확히

식별할 필요가 있다.

- **제한 사항을 파악하라** 작업에 대한 모든 제한 사항을 명확히 해 주어야 한다. 예를 들면, "1인칭 언어의 사용을 피하라."

- **프롬프트의 구조를 만들고 정렬하라** 이를 위한 한 가지 방법은 빈칸 채우기다. 예를 들면, "기회비용의 세 가지 주요 측면에 대한 논의를 제공하라:
1. ________ 2. ________ 3. ________."

- **입력물과 출력물의 예시를 제공하라** 출력물로 받고 싶은 스타일이나 형식을 보여 주는 예시를 생성형 AI에게 제공하는 것이다. 예를 들면, 생성형 AI 프로그램에게 "이 프롬프트에 대한 출력물을 아래와 유사하게 생성하라: ________."

- **기본 단서('접두사')를 사용하라** 프롬프트 문장의 시작 부분에 특정 단서를 넣어서 출력물로 구현되길 바라는 상황이나 스타일, 형식이나 기타 조건들을 생성형 AI에게 전달한다. 예를 들면, 이렇게 쓸 수 있다. "비즈니스 현장에 맞는 목소리로 보고서를 작성하라." 또는 "당신이 생물학자인 것처럼 글을 써라."

프롬프트 엔지니어링은 반복적이고 중복적이기 때문에, 생성형 AI를 위한 프롬프트를 작성하는 것은 지루하고 힘들어 보일 수 있다. 실제로 이 과정은 상당한 작업량을 요구한다. 프롬프트 엔지니어링의 어려움은 인간 사용자의 진지한 개입이나 고민 없이도 생성형 AI 프로그램이 사용자가 원하는 바를 척척 알아서 해 준다는 신화를 깨부순다.

정리

고민할 거리

❶ 글쓰기에서 작용하는 규범과 윤리적 가치는 종종 학술적·직업적·개인적 상황에 따라 달라진다. 그러면 우리가 어떻게 해야 할까? 어떤 상황에서는 특정 프롬프트를 기꺼이 사용해야 하고, 다른 상황에서는 사용하지 말아야 할까? 예를 들면, 생성형 AI 프로그램에게 업무 관련 이메일 초안을 작성하라고 하는 것은 허용되어도, 학술 과제의 초안을 작성하라는 프롬프트는 허용될 수 없는가?

❷ 앞에서 논의한 것처럼, 프롬프트 엔지니어링은 무척 어려울 수 있다. 이게 우리와 무슨 상관일까? 이제 생성형 AI의 사용이 덜 매력적으로 느껴지는가? 생성형 AI가 생각했던 것보다는 덜 효과적인가?

개념적 AI

❶ 학생들이 글쓰기 과제를 제출한 이후에 교수자가 그 과제를 다듬어서 애초의 출제 의도에 더 부합하는 답변을 얻는 것은 매우 드문 일이다. 즉, 교수자는 일반적으로 학생들의 과제를 프롬프

트 엔지니어링하듯하지 않는다. 그러는 게 맞는 걸까? (참고: 교수자는 이전 학생 집단의 응답에 따라, 다음에 동일한 과목을 가르칠 때, 과제를 수정하는 경우가 많다.)

❷ 개리 트뤼도의 만화 《둔즈베리》는 재치 있는 정치사회 풍자만화로 유명하다. 트뤼도는 50년 이상 이 연재물을 출판해 왔으며, 만화로 퓰리처상을 거머쥔 첫 번째 수상자이다. 트뤼도는 2023년 5월 7일자 만화에서 직장 내에서 프롬프트 엔지니어링의 급속한 증가에 대해 논평했다. 바에서 술을 마시던 중년 남성이 젊은 바텐더에게 몇 학년이냐고 묻자, 바텐더가 "1학년"이라고 답한다. 동석한 중년 여성이 어떤 직업을 갖고 싶으냐고 묻는다. 청년은 작가 수업을 받고 있지만, 창작은 "AI 프롬프티브AI promptive"로 대체될 것이라고 말한다. "저널리즘 기획자나 법률 또는 예술 분야의 기획자도 고려하고 있죠. 그런데 두 분은 무슨 일을 하시죠?" 중년 남성은 변호사, 여성은 예술가라고 밝힌다. 그러자 청년이 묻는다. "아, 저런. 따로 부업 같은 걸 하세요?"

여기서 트뤼도가 연령대에 따른 생성형 AI 수용의 차이를 어떻게 묘사한다고 보는가? 트뤼도는 기성세대를 조롱하는 것인가, 젊은 세대를 조롱하는 것인가? 생성형 AI가 다양한 직업의 가용성에 미칠 잠재적 영향은 무엇일까?

응용적 AI

최근에 수행했던 글쓰기 과제와 관련하여 프롬프트를 작성해 보라. 과목 과제, 직장 업무, 또는 친구에게 보내는 이메일이나 휴가 일정과 같은 개인적 글쓰기일 수도 있다. 챗GPT 같은 생성형 AI 프로그램에 이 프롬프트를 입력하고 결과를 확인한다. 그런 다음, 생성형 AI 프로그램이 의도한 목적에 맞는 결과를 생성하거나, 아니면 추가적인 수정에 부합하는 출발점을 생성할 때까지 프롬프트를 한 번 이상 다듬는다.

이 경험을 바탕으로, 초보자에게 유사한 과제에 대한 생성형 AI 프롬프트를 작성하고 다듬는 방법을 알려 주는 문서를 만든다. 이번 장은 프롬프트를 작성하는 일반론의 서론일 뿐이다. 이제는 일반적인 권장 사항 말고, 본인이 방금 시도한 글쓰기 과제 유형에 맞는 지침을 만들어 보라.

토론

대학은 프롬프트 엔지니어링을 가르치는 공식적인 방법을 개발해야 할까? 만약 프롬프트 엔지니어가 새로운 직업이고, 프롬프트 엔지니어링이 생성형 AI를 사용하는 모든 사람이 필요한 기술이라면, 교육기관은 이를 가르칠 의무가 있는가?

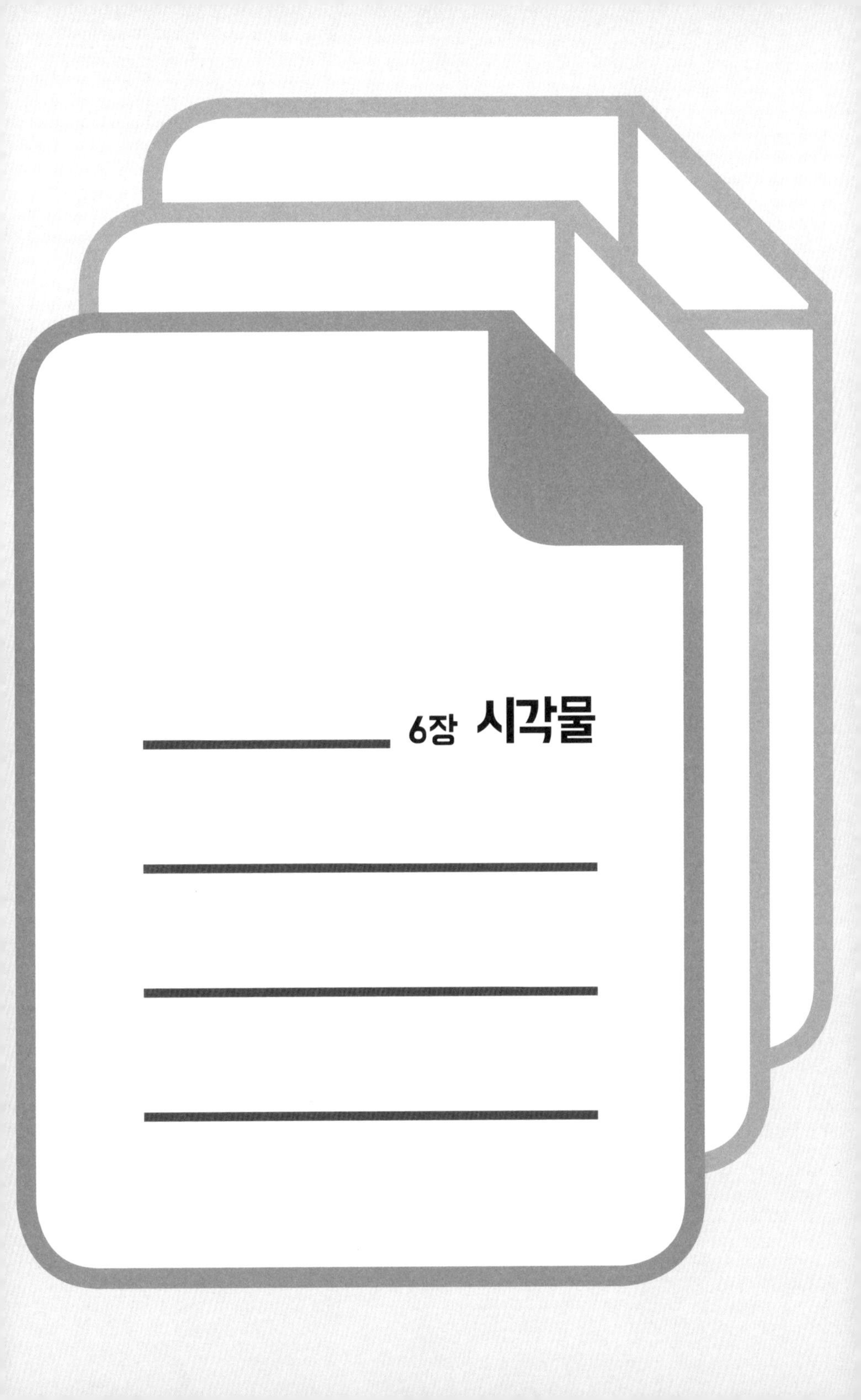

6장 시각물

학습 목표

- 생성형 AI에서 하는 시각적 수사의 역할을 검토한다.
- 멀티형 글쓰기에서 생성형 AI의 용도를 설명한다.
- 시각적 콘텐츠를 만드는 연습을 한다.
- 생성형 AI가 생성한 시각물에서 환각의 역할을 이해한다.
- 시각물을 윤리적으로 적용한다.

준비 단계

글쓰기에서 시각물이 하는 역할에 대해 생각해 보라. 본인의 글쓰기에 시각물을 포함시키는가? 그렇다면 그 이미지들을 어디서 구하는가? 어디에 넣을지 어떻게 결정하는가? 필요에 맞게 조정하는가? 이미지를 통합할 때 어떤 제약에 직면하는가?

핵심 내용

2023년 3월, 사진 작가 보리스 엘다크센은 사진 〈유사기억: 전기 기술자〉로 소니의 세계 사진상 '창의적 사진' 부문을 수상했다.

소니의 웹사이트는 엘다크센의 사진을 "1940년대 가족사진의 시각적 언어를 연상시키는, 서로 다른 세대의 두 여성을 담은 잊을 수 없는 흑백 초상화"[23]라고 설명했다. 진정 놀라운 이미지다. 그러나 엘다크센은 나중에 이 '사진'은 실제로 생성형 AI 플랫폼인 DALL-E2를 사용해 만들었으며 그래서 수상을 거부하겠다고 밝혔다. 그는 해당 사진상이 생성형 AI의 도입에 대비했는지 확인하고자 이 이미지를 '뻔뻔한 원숭이cheeky monkey'로 출품했다고 설명했다. 그리고 "대비가 안 되어 있다"고 결론 내렸다.[24]

Boris Eldagsen, "PSEUDOMNESIA | The Electrician", promptography 2022, courtesy Photo Edition Berlin.

엘다크센의 실험은 창의성에서 생성형 AI의 역할과 생성형 AI가 우리가 예술이라고 생각하는 것을 어떻게 바꿀 수 있는지에 대한 대화를 촉진시켰다. 디자이너와 그래픽아티스트를 포함한 많은 전문 아티스트는 생성형 AI를 자신들의 직업에 대한 위협으로 보고 있다.

문화적으로 볼 때, 우리는 사진 이미지가 세계를 정확하게 재현한다는 생각을 받아들였다. '사진 증거'와 '사진이 아니라면, 일어나지 않았다'와 같은 진부한 표현은 사진에 대한 우리의 신뢰를 반영한다. 그러나 사진이 발명된 순간부터 우리에게는 우리의 이해에 맞게 사진을 조작할 수 있는 능력이 생겼다. 그리고 사진의 역사를 통틀어 처음에는 정확하다고 여겨졌던 이미지가 나중에 조작된 것으로 밝혀진 사례가 셀 수도 없이 많았다.[25] 사진 편집은 전혀 새로운 것이 아니지만, 최근 수십 년 동안 디지털 이미지가 도입되면서 일반인을 포함한 모든 사람이 조정과 변경을 훨씬 쉽게 할 수 있게 되었다. 모바일 장치의 기본 애플리케이션에도 자르기, 색상 보정 및 색상 필터와 같은 빠른 변경을 위한 소프트웨어가 포함되어 있다. 이제, 생성형 AI는 사진을 조작하는 우리의 능력을 더욱 확장해 버렸다.

최근의 글쓰기 형태는 과거의 어느 때보다 이미지를 포함할 가능성이 커졌다. 우리가 정기적으로 사용하는 밈, 소셜미디어 사진, 캡션 달린 비디오, 오버레이된 텍스트 등 텍스트와 이미지의 조합이 얼마나 많은지 생각해 보라. 생성형 AI는 글쓰기와 이미지의 관계에 어떤 영향을 미치며, 우리는 글쓰기에 생성형 AI 이미지를 활용하는 방법을 어떤 식으로 배워야 하는가?

시각적 수사학과 생성형 AI

사진, 비디오, 상징물, 아이콘, 차트, 표, 만화 등 시각물은 모두 정보를 제공한다. 시각물은 정보를 전달하기 때문에 이러한 시각적 요소는 수사적이며, 이를 사용하는 방법은 수사적 결정이라고 말할 수 있다. **시각적 수사학**이란 독자에게 정보와 의미를 전달하기 위해 시각적 요소를 사용하는 방법을 말한다.

우리는 모두 시각물을 얻고 통합하는 방법을 선택한다. 여러 셀카 중에서 하나를 올리기로 선택했을 때, 그것은 수사적 선택을 한 셈이다. **고딕체**, *이탤릭체*, 특정 글꼴이나 페이지나 화면의 특정 배치를 사용할지와 같은 작은 인쇄상의 결정조차도 우리가 전달하는 정보를 독자가 어떻게 받아들이고 해석하는지에 영향을 미친다. 시각물은 독자의 이해를 높이고, 정보를 명확히 하고, 세부 사항이나 예를 설명하고, 독자의 관심을 끌고, 주요 정보를 강조하고, 권위를 확립하고, 다양한 대상에 맞게 커뮤니케이션을 조정하는 데 사용할 수 있다. 전통적으로 글쓴이는 세 가지 방법으로 시각물을 얻는다.

❶ **찾기** 다른 누군가가 이미 만든 시각물을 찾아 용도를 변경한다(필요한 경우, 사용 허락을 받음).

❷ **주문하기** 글쓴이의 목적에 맞게 다른 사람이 시각물을 만

들 수 있도록 주문한다.

③ **만들기** 여기에는 원본 사진을 찍거나, 새로운 예술 작품을 만들거나, 적당한 차트와 다이어그램을 개발하는 등의 작업이 포함될 수 있다.

이제 네 번째 방식이 있다.

④ **생성형 AI 출력물** 생성형 AI는 글쓴이의 특정 목적에 부합하는 시각적 콘텐츠를 만들 수 있다. 여기에는 사실적인 사진 스타일, 다이어그램, 시각적 은유나 상징을 묘사하는 한층 추상적인 예술 작품이 포함될 수 있다.

이미지 생성 외에도, 생성형 AI는 사용자가 다양한 다른 방식으로 시각물을 작업할 수 있게 한다. 생성형 AI는 빠른 속도로 다음과 같은 목적에 효과적인 도구가 되고 있다.

- **데이터 분석** 생성형 AI는 대규모 시각적 데이터세트를 분석하고 해석하는 데 사용될 수 있다. 생성형 AI는 패턴, 트렌드, 차이점과 유사점을 식별하고, 시각적 요소를 효과적으로 통합할 수 있는 방법을 제안할 수 있다. 이러한 정보는 분석적 관점에서 유용한데, 작가와 디자이너가 수사적으로 효과적

인 방식으로 시각물 사용을 조정하는 방법을 더 잘 이해하는 데 도움이 되기 때문이다. 예를 들면, 생성형 AI에게 온라인 광고에서 인기 있는 스타일을 조사하여 어떤 기술이 독자의 관심을 끌 수 있는지 식별하라고 요청할 수 있다. 그런 다음, 유사한 스타일로 새로운 광고를 디자인해 달라고 요청할 수 있다. 심지어 이 새로운 출력물이 최종 제품으로 적합하지 않더라도, AI가 식별한 트렌드에 기반한 전문적인 디자인에 영감을 줄 수 있다.

- **데이터 시각화** 이는 분석과 이해 및 효과적인 의사소통을 용이하게 하고자 차트, 표, 인포그래픽과 같은 시각적 형태로 데이터와 정보를 표현하는 관행이다. 생성형 AI에게 복잡한 데이터세트를 접근 가능한 방식으로 전달하는 역동적인 시각 자료를 만들라는 프롬프트를 제공할 수 있다.

- **실험하기** 많은 시각적 생성형 AI 플랫폼은 단 하나의 프롬프트에 여러 출력물을 제공한다. 예를 들면, Dall-E2는 "우주 헬멧을 쓴 상어의 사진 품질 이미지"를 생성하라는 프롬프트를 입력하자, 다음과 같은 네 가지 옵션을 출력했다.[26] 이런 방

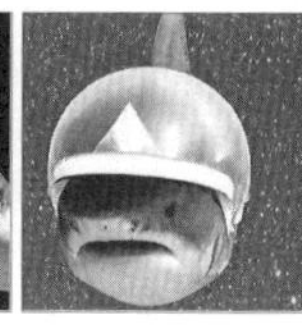
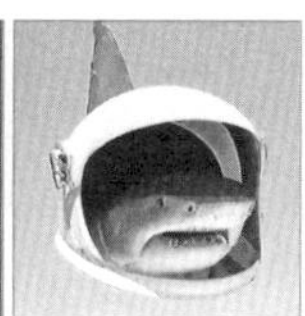

식으로, 생성형 AI는 비교 가능한 다양한 접근 방식을 제공하여 작가나 디자이너, 아티스트에게 영감을 줄 수 있다.

'생성적 채우기'는 어디까지?

아래의 1938년 사진은 "아메리카 원주민들이 큰 고리 그물로 연어를 잡는 모습"으로 확인되었다. "부족의 전통에 따라 각 부족 구성원이 고기를 잡는 장소가 결정된다." 이 사진은 1930년대에 사용된 표준 카메라 장비로 만들어졌다. 어도비의 '생성적 채우기'와 같은 AI 도구를 사용하여 이 이미지를 사진에서 볼 수 있는 범위를 넘어 좌우로 더 확장한다고 가정해 보자. 사진의 추가 콘텐츠는 완전히 인공적인 것이 될 것이다. 이와 같은 시각물 확장 기능이 이미지에 대한 우리의 이해에 영향을 미칠까? 역사적 이미지에 이런 수정을 가하는 것이 용인될 수 있을까? 이것이 이미지의 주제, 곧 실제 사람 또는 문화 집단을 포함하는지에 따라 달라질까?

- **커스터마이징** 생성형 AI를 사용해 기존의 시각물을 특정 대상이나 저자의 요구에 맞게 조정할 수 있다. 현재 많은 이미지 편집 플랫폼이 시각적 콘텐츠를 생성하거나 수정할 수 있는 내장된 생성형 AI 도구를 제공하고 있다. 예를 들면, 어도비의 '생성적 채우기' 도구는 원본에는 나타나지 않은 이미지의 새로운 부분을 만들거나, 콘텐츠를 깔끔하게 즉각 제거할 수 있다. 아이폰의 표준 4:3 비율을 사용해 데날리 국립공원의 산 사진을 찍었다고 가정해 보자. 그런데 해당 형식이 이미지를 사용하려는 매체에 더 적합한 경우, 생성적 채우기 기능을 사용해 16:9 비율과 같이 더 넓은 형식으로 사진을 확장할 수 있다. 생성적 채우기 도구는 이미지를 원본 프레임 너머로 확장하여 원본의 왼쪽과 오른쪽을 해당 시각적 공간에 무엇이 있을지 예측하여 채운다. 이는 챗GPT가 문장에서 다음 단어가 무엇일지 예측하는 것과 거의 같다.

글자에서 이미지로

생성형 AI로 시각물을 만들려면 원하는 시각물이 무엇인지, 이것이 프롬프트로 어떻게 변화되는지에 대한 창의적이고 세부적인 생각이 필요하다. 시각물을 만드는 프롬프트는 매우 구체적이어야 한다. 최소한의 프롬프트만으로 기존의 이미지들을 찾을 수 있는 온라인 검색엔진과 달리, 생성형 AI는 철저한 지침이 필요하다.

효과적인 시각적 프롬프트를 디자인하려면 다음의 전략이 유용할 수 있다.

❶ **구체적이고 명확해야 한다** 프롬프트가 구체적일수록 생성형 AI가 우리의 요구 사항을 충족하는 출력물을 반환할 가능성이 높아진다. 애매모호한 프롬프트는 생성형 AI가 특정 요구 사항에 맞게 조정된 이미지가 아닌, 거대언어모델에 자리 잡은 패턴에 집중할 가능성이 높다. "공장"이라고 입력하는 대신, 형용사-명사 조합을 사용하여 "낡은 공장", "벽돌로 지어진 공장" 또는 "버려진 공장"과 같이 상세한 정보를 지정하라. 단순히 "개"의 이미지를 원한다고 쓰지 말고, 원하는 종, 색상, 동작 및 기타 세부 사항을 특정하라. 시각적 생성형 AI 프로그램은 종종 설명적·은유적 언어와 잘 작동한다. 그러니 이를 꺼리지 마라. 예를 들면, "공을 잡기 위해 점프하는 골든리트리버. 개의 털은 꿀에 담근 아몬드 색과 비슷함."[27]

❷ **예시하라** 생성형 AI에게 몇 가지 다른 시각물 예시를 제공하면 우리가 찾고 있는 것을 더 잘 이해하는 데 도움이 된다. 많은 이미지 생성기에서 프롬프트에 특정(유명) 이미지를 참조하게 하거나 해당 이미지 링크를 포함한 예시를 제공할 수 있다. 또한, 예시를 사용하여 예술적 스타일이나 색상 또는 패턴과 같이 생성형 AI가 복제해 주기를 원하는 세부 사항이나 특성을 지정할 수 있다.

❸ **상황을 설명하라** 문맥적 세부 사항이 제공되면 생성형 AI는 사용자가 원하는 톤에 더 잘 맞는 이미지를 만들 수 있다. 이러한 모든 세부 사항을 한 문장에 담으려 하지 말고, 여러 문장으로 된 프롬프트를 작성하라. 예를 들면, 넓은 바다 이미지가 필요한 경우, "탁 트인 바다"와 같이 짧고 일반적인 프롬프트가 아니라, 더 많은 상황 정보가 있는 프롬프트를 입력하라. "아침 일찍 수평선에 태양이 떠오르는 탁 트인 바다. 배경에 비구름이 몇 개 있다. 갈매기 두 마리가 날아간다. 공기는 안개 없이 맑다."[28]

④ 의도한 어조를 설명하라 글에서 시각물을 사용하는 목적은 독자와 소통하기 위함이다. 시각물을 통해 독자가 특정 방식으로 느끼도록 유도할 수 있다. 프롬프트에서 감정적인 용어를 사용하면, 생성형 AI가 더 적절한 톤의 시각물을 만드는 데 도움이 된다. 다음 두 가지 이미지를 비교해 보라. 하나(왼쪽)는 "향수를 불러일으키는 낡은 공장"이라는 프롬프트로 생성된 이미지고, 다른 이미지(오른쪽)는 "뚜렷한 긴장감을 전달하는 낡은 공장"이라는 프롬프트로 생성된 것이다.[29]

⑤ 수정하고 재생성하라 모든 글쓰기가 그러하듯, 시각물에서도 수정은 중요하다. 대부분의 생성형 AI 이미지 생성기는 프롬프트를 제공하면 여러 가지 결과를 생성한다. 또한, 일반적으로 동일한 프롬프트에서 이미지를 "재생성"하는 버튼이 포함되어 있어 더 많은 옵션을 제공한다. 첫 번째 프롬프트의 출력물이 찾고 있는 것과 다를 경우, 프롬프트를 수정

하여 원하는 변경 사항을 구체적으로 밝혀야 한다. 여러 프롬프트를 실험하고 다양한 수정을 시도하면 예기치 못한 역동적인 출력물이 나올 수 있다.

시각물과 환각

생성형 AI 시각물은 (2장에서 논의한 것처럼) 환각에 매우 취약하다. 때로는 시각적 환각을 인식하기란 쉽다. 예를 들면, 생성형 AI는 종종 사람의 손을 렌더링하는 데 어려움을 겪는다.[30]

그러나 다른 경우에는 시각적 환각이 덜 분명하다. 다음은 시각적 환각을 식별할 몇 가지 전략이다.

- **실제 이미지를 이해하라** 의도한 대상의 다른 이미지에 익

숙해지면, 생성형 AI 출력물의 오류를 더 잘 식별할 수 있다. 예를 들면, 생성형 AI에게 빅토리아 시대 건축양식의 건물 이미지를 생성하라고 요청하는 경우, 글쓴이가 빅토리아 시대 건축물의 실제 이미지들을 연구하여 그 스타일과 특징을 생성형 AI의 출력물과 비교해 봐야 한다. 그래야 적절하지 않거나 믿을 수 없거나, 잘못된 요소를 구별할 수 있다.

- **문구를 확인하라** 생성형 AI 프로그램이 제공한 프롬프트를 사용자의 의도대로 잘 이해했는지 확인하라. 생성형 AI가 길거나 복잡한 프롬프트를 잘못 결합하거나 해석할 수 있다. 그래서 짧고 직접적인 문장이 프롬프트에 효과적이라는 것이다.

- **스타일상의 일관성을 검토하라** 시각적 출력물의 스타일이 일관성이 있는지 확인하라. 예를 들면, 생성형 AI에게 장거리 달리기 선수의 사진 이미지를 생성하라는 프롬프트를 제공했는데, 다른 요소는 사진인데 배경 군중이 그림처럼 보이는 이미지가 출력되었다면 그 부분을 수정해야 한다.

- **피드백을 요청하라** 서면 문서를 수정할 때 다른 사람에게 리뷰를 부탁하듯, 생성형 AI로 만든 이미지도 다른 사람에

게 검토해 달라고 요청해야 한다. 생성형 AI를 사용하는 것은 인간-기계 협업의 일부임을 명심하라. 다른 인간 검토자를 참여시키면 협업이 향상되고 그 과정에 대한 인간의 감독이 보장된다.

시각물과 윤리

AI가 생성한 글과 마찬가지로, 생성형 AI 시각물을 글에 통합하는 방법과 시기에 따른 정직성과 윤리 문제가 있다. 3장에서 논의한 것처럼, 무엇보다도 투명성과 참고문헌 표시가 생성형 AI 시각물의 윤리적 사용에도 매우 중요하다. 생성형 AI로 시각물을 만든 경우, 이 점을 항상 밝혀야 한다. 마찬가지로, 다른 몇 가지 윤리적 고려 사항을 염두에 두어야 한다.

- **조작** 생성형 AI는 여러분의 목적에 맞게 이미지를 변경할 수 있는 기회를 제공한다. 그러나 조작된 시각물은 거짓 또는 잘못된 정보를 제공하는 데 악용될 수 있다. **딥페이크**는 특정인(일반적으로 유명인과 정치인이지만 잠재적으로 개인)을 매우 실제처럼 보이게 만든 이미지로, 종종 해당 인물이 보기 싫거나 그 사람답지 않은 행동을 하는 모습을 담고 있다. 이러한 이미지는 개인의 평판을 손상시키거나

모욕하는 데 사용될 수 있다. 또한, 잘못된 정보를 기반으로 잘못된 정보를 제공하고 여론을 바꾸어 놓을 수도 있다. 이러한 사용은 명백히 비윤리적이고, 우리가 모두 준수해야 하는 진실성과 투명성의 기준을 위반한다.

- **은폐** 시각물은 정보를 은폐할 수 있다. 예를 들면, 기름 유출이 해안선에 미치는 영향에 대한 이미지에서 피해가 심각한 지역은 보이지 않게 자를 수 있다. 심지어 생성형 AI 기술로 피해 지역의 이미지를 깨끗한 재현으로 생성적으로 대체하여 실제 손상을 은폐할 수 있다.

- **인간 노동의 대체** 앞서 언급했듯이, 시각물을 얻는 중요한 전통적인 방식은 예술 작품과 디자인을 의뢰하는 것이다. 생성형 AI를 사용한 시각물 제작을 고려할 때, 그것이 이러한 시각물 제작에 고용되었을 수 있는 아티스트의 생계에 미칠 영향을 고려해 보라.

정리

고민할 거리

❶ 2023년 3월, 코카콜라가 텍스트-비디오 AI 플랫폼인 AI 스튜디오에서 제작한 〈불후의 명작 코카콜라〉[31]라는 광고를 공개했다. 사람들이 전통적인 배우나 애니메이터가 아닌 생성형 AI를 사용하여 비디오와 영화를 만드는 것이 윤리적으로나 실질적으로 얼마나 중요할까?

개념적 AI

❶ 생성형 AI 프로그램을 사용하여 특정 시각물을 생성하는 기능이 시각물을 글에 통합하는 방법과 시기에 영향을 미칠까?

❷ 생성형 AI의 사용과 환각의 가능성을 감안할 때, 독자로서 시각 정보에 참여하는 방식을 어떻게 조정해야 할까?

❸ 설명과 생성형 AI 프롬프트 작성 간의 관계를 더 잘 이해하려면, 좋아하는 책이나 최근에 읽은 흥미로운 기사에서 특히 설명적인 단락을 찾아보라. 아마도 캐릭터, 환경, 사람, 사건 또는 아이디어에 대한 세부 정보를 제공할 것이다. 해당 설명의 일부 또는 전부를 AI 이미지 생성기 프롬프트에 입력하고 설명된 내용

의 이미지를 생성하도록 요청해 보라. 책 내용이나 기사를 읽었을 때 떠올린 이미지와 AI가 생성한 이미지와 일치하는가? 프롬프트를 어떻게 다듬으면 그 이미지에 더 잘 맞출 수 있을까?

응용적 AI

❶ 생성형 AI 이미지 생성기를 사용하여, 다음 중 하나를 나타내는 사진 품질의 이미지를 생성하는 프롬프트를 작성하라. 가장 좋아하는 장소의 풍경, 특정 동물이나 유명한 역사적 사건. 생성형 AI의 출력물은 얼마나 정확한가? 프롬프트에 있는 대상의 '실제' 이미지와 비교해 보라.

❷ 온라인에는 놀라운 생성형 AI 이미지를 만드는 방법을 알려 주는 비디오 자습서가 수백 개 있다. 유튜브, 틱톡, 기타 다른 플랫폼에서 이러한 자습서 중 하나를 찾아 시청해 보라. 그런 다음, 해당 비디오의 정보를 사용하여 이미지를 만들어 보라. 결과 이미지가 예상과 일치하는가? 이유는 무엇인가?

❸ 최근에 쓴 글 중에 이미지를 추가하면 도움이 될 만한 글을 생각해 보라. 그 이미지를 생성하는 프롬프트를 작성하라. 그런 다음, 만족할 만한 출력물이 나올 때까지 프롬프트를 여러 번 수정하라. 프롬프트를 수정할 때마다 프롬프트 텍스트와 생성형 AI 출

력물을 별도의 문서에 복사하여 붙여 넣고 수정 사항과 해당 출력물의 연대기를 구성해 보라. 프롬프트 글과 출력물의 진행 상황을 분석하고, 각 단계의 출력물에 기반하여 프롬프트의 첫 번째 반복에서 다음 반복으로 어떻게 전환했는지 설명하라.

토론

1. 사진 〈유사기억: 전기기술자〉를 Dall-E2를 사용하여 만들었다고 밝힌 후, 보리스 엘다크센은 전 세계 언론과 인터뷰를 했다. 가장 널리 알려진 인터뷰 중 하나는 〈사이언티픽 아메리칸〉[32]에 실린 것이다. 이 인터뷰를 읽고 생성형 AI에 대한 엘다크센의 논평을 놓고 토론해 보자. 그의 관점이 생성형 AI가 예술계에서 어떤 역할을 하는지에 대한 기존 견해를 바꾸게 하는가?
2. 생성형 AI가 효과적이고 미학적으로 만족할 만한 시각물을 출력하도록 하려면 신중하고 상세한 프롬프트가 필요하다. 이것은 시각적 작품을 만드는 과정에서 다소 다른 첫 번째 단계로 이어진다. 즉, 머릿속으로 이미지를 시각적으로 구상하는 대신에, 원하는 이미지를 텍스트로 명확하게 표현하는 것이 필요하다. 이런 새로운 접근 방식이 시각물 제작과 관련된 창의성에 어떤 영향을 미칠 수 있는지 토론해 보라.

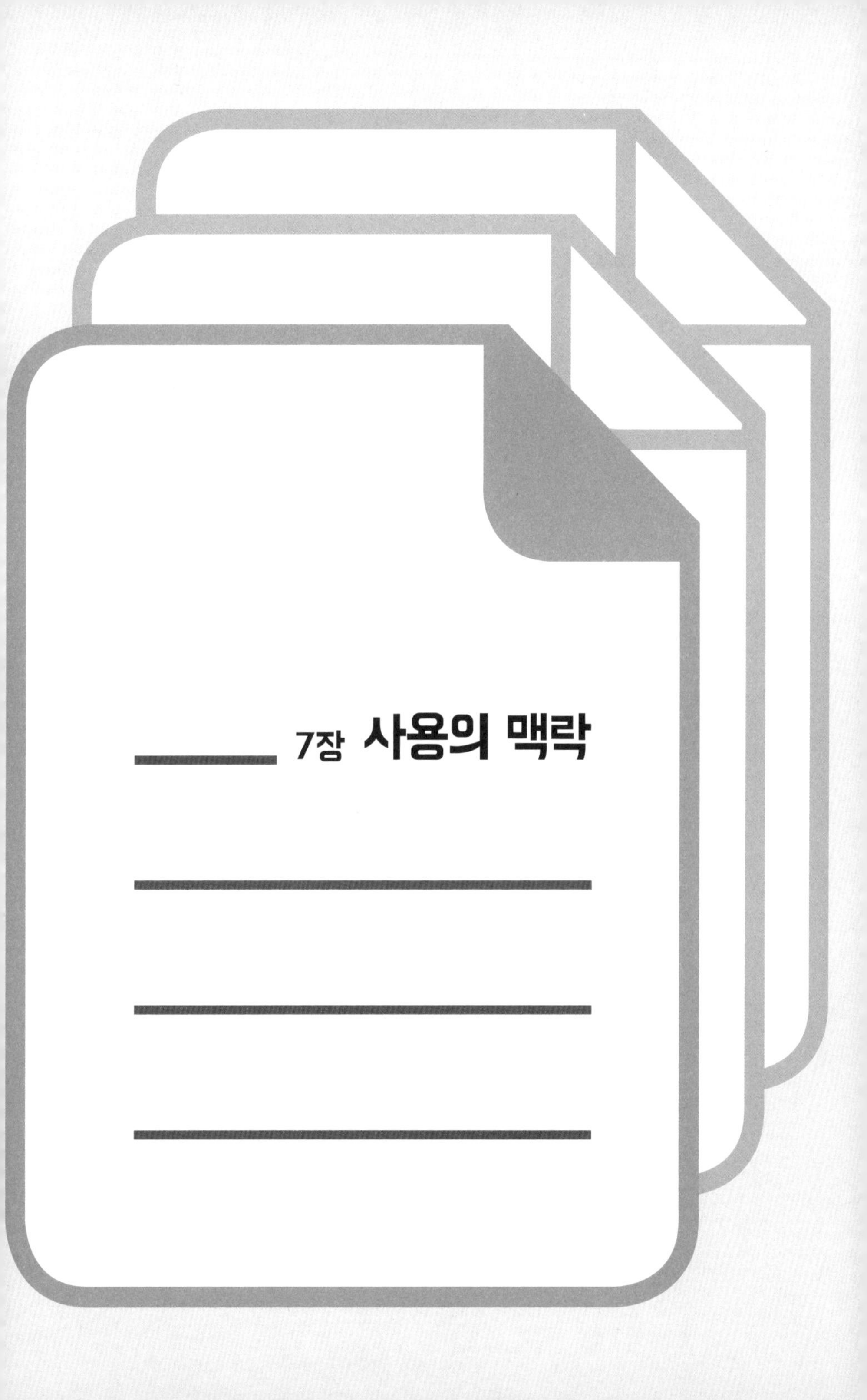

7장 사용의 맥락

●●● 학습 목표

- 다양한 상황에서 생성형 AI와 관련된 가치와 위험을 식별한다.
- 학술적 · 직업적 · 시민적 · 개인적 맥락에서 생성형 AI의 잠재적 용도를 조사한다.
- 각 상황에서 생성형 AI를 사용할 때 정직성의 중요성을 인식한다.

●●● 준비 단계

우리가 직업적 · 시민적 · 개인적 생활에서 작성해야 할 다양한 종류의 글쓰기를 생각해 보라. 있을 수 있는 글쓰기 목록을 만들어 보고, 그런 글을 작성할 때 생성형 AI가 유용한 협업자가 되는 방법을 나열해 보라.

핵심 내용

"첫째도 입지, 둘째도 입지, 셋째도 입지"라는 부동산업계의 오래된 격언을 들어 봤을 것이다. 이 말은 부동산의 가치는 주로 그것이 어디에 위치하느냐에 따라 결정된다는 뜻이다. 생성형 AI에 대해서도 유사한 공리를 적용할 수 있다. "첫째도 맥락, 둘째도 맥락, 셋째도 맥락"이다. 생성형 AI를 어떻게 사용해야 하는지는 그것을 사용하는 맥락과 관련되어 있다. 예를 들면, 학업에서 생성형 AI를 사용하는 방법은 직장이나 인턴 생활과 같은 직업적 맥락에서 사용하는 것과는 다르다. 시민적 · 정치적 글쓰기나 개인적 글쓰기에서 사용하는 방법은 또 다를 것이다. 이번 장에서는 학업적 · 직업적 · 시민적 · 개인적이라는 네 가지 글쓰기 맥락에서 생성형 AI를 적용하는 방법을 살펴본다.

학업적 맥락

대학생들은 자신의 미래 직업에서 생산할 가능성이 더 높은 글쓰기 형식을 미리 배우고 연습해야 한다는 믿음이 크다. 일부 학문 분야에서는 특히 산업과 교육 간의 관계를 중심으로 커리큘럼을 설계한다. 우리가 AI에서 목격하듯이, 산업 표준은 기술 변화로 인해 자주 바뀌므로 직무별 기술을 목표로 하는 교육기관은 이에 즉각 대응하여 커리큘럼을 수정해야 한다. 고등교육이 글쓰기와 커뮤니케이션을 매우 강조하는 이유는, 현재 거의 모든 산업이 신입 사원을 채용할 때 커뮤니케이션 기술(글쓰기, 말하기, 시각적 소통 역량)을 주요 자격 요건으로 꼽기 때문이다. 이 또한 생성형 AI가 상당한 영향을 미치는 영역이다.

전통적으로 학술적 글쓰기의 기본 과제는 에세이 쓰기였다. 1학년 글쓰기 프로그램은 주로 에세이 쓰기에 초점을 맞춘다. 그 이유는 학생들이 에세이를 많이 요구하는 심화 과정을 준비할 수 있도록 설계되었기 때문이다. 그러나 전혀 없다고는 말할 수 없지만, 대학 졸업 후에 에세이를 쓰라는 요구를 받을 가능성은 거의 없다. 이런 이유로 많은 교수자들이 지금은 에세이와 다른 형태의 글쓰기 과제를 부여한다. 디지털 미디어의 등장으로 우리가 생산하는 글쓰기의 종류가 크게 바뀌었고, 글쓰기와 함께 사용되는 시각물의 역할이 커졌다.

생성형 AI는 에세이, 멀티형 글쓰기에서 시각적 수사와 심지어 프로그래밍에 이르기까지 다양한 글쓰기 형식에 유용한 도구가 될 수 있다.

- 챗GPT, 그래머리Grammarly, 재스퍼Jasper, 워드튠, 애니워드AnyWord, 퀼봇Quillbot과 같은 텍스트 생성기와 편집기는 에세이나 다른 형태의 글쓰기에 사용할 텍스트를 생성·수정·편집하는 데 도움이 될 수 있다.

- 달리Dall-E, 미드저니MidJourney, 파이어플라이Firefly, 익스프레스Express와 같은 시각적 생성형 AI 프로그램은 원본 이미지를 생성할 수 있다.
- 포토샵Photoshop 같은 기존 이미지 프로그램은 생성형 AI 도구를 사용해 이미지를 편집하고 수정한다.
- 인비디오INVideo, 신세시아Synthesia, 픽토리Pictory, 비드이오Veed.io는 필름을 생성하고 편집하는 데 유용하다.

AI가 작성한 글을 식별할 수 있다고?

많은 사람들이 생성형 AI가 작성한 글을 식별할 수 있다고 주장하는데, 실제 사람의 언어처럼 "들리지" 않고 평이하고 반복적이기 때문이라고 한다. 이게 만약 사실이라면, 생성형 AI의 평이한 목소리는 부분적으로 텍스트가 구두로 표현된 것이 아니라 지면이나 화면에 표현된 결과일까?

우선 주제를 정해서 생성형 AI에게 그 주제에 대해 두 문단을 작성하라는 프롬프트를 입력하라. 텍스트를 수정하지는 말라. 익숙해질 때까지 그 내용을 소리 내어 읽는 연습을 해 보라. 그런 다음, 그 내용을 다른 사람에게 연설하듯이 전달해 보라. 그 사람이 생성형 AI가 생성한 내용인지 알아챌 수 있을까?

다음, 스피치파이Speechify나 리보이서Revoicer 같은 텍스트 음성 변환 AI를 사용해 컴퓨터에서 생성된 음성으로 텍스트를 읽어 보라. 그렇게 내용을 전달하는 것과 텍스트를 직접 읽는 것과 어떻게 다른가?

- 아비바Aviva, 사운드풀Soundful, 부미Boomy, 라우들리Loudly, 사운드로우Soundraw는 오리지널 음악을 생산할 수 있다.
- 탭나인TabNine, 코덱스Codex, 코드더블유피CodeWP, 코드스콰이어CodeSquire와 같은 플랫폼은 컴퓨터 코딩 작업을 지원할 수 있다.

모든 학업적 글쓰기의 맥락에서, 소속 대학과 담당 교수자의 생성형 AI 정책을 준수해야 한다.

직업적 맥락

세계경제포럼(WEF's)의 〈2023년 미래 일자리 보고서〉에 따르면, 향후 몇 년 사이에 가장 빠르게 성장하리라고 예상되는 직업 범주는 "AI와 머신러닝 전문가"[33]이다. 또한, 세계경제포럼은 인간이 아닌 기계에 맡겨지는 노동의 비율이 급격하게 증가하고 있다고 보고했다.

그러나 노동 분업의 이러한 변화가 반드시 인간 일자리의 순감소를 의미하지는 않는다. 적어도 모든 분야가 그런 것은 아니다. 넓게 퍼진 학술적 부정행위에 대한 두려움 외에, 생성형 AI의 공개 출시가 가져온 가장 큰 공포는 인간의 실직과 관련이 있다. 세계경제포럼의 예측에 따르면, 많은 사람들이 생성형 AI로 일자리를 잃겠지만, 생성형 AI가 훨씬 더 많은 일자리를 창출할 것으로 예상된다. 직업적인 맥락에서 인공지능과 생성형 AI를 활용하는 방법을 이해하는 것은 이제 대부분의 직업 생활에서 중요한 부분이 될 것이다.

학술적 글쓰기와 직업적 글쓰기의 차이점 중 하나는, 직장에서는 "네가 한 작업을 보여 줘" 식의 보여 주기는 전혀 중요하지 않으며 요구되는 일도 없을 것이라는 점이다. 중요한 건 결과물이다. 동료

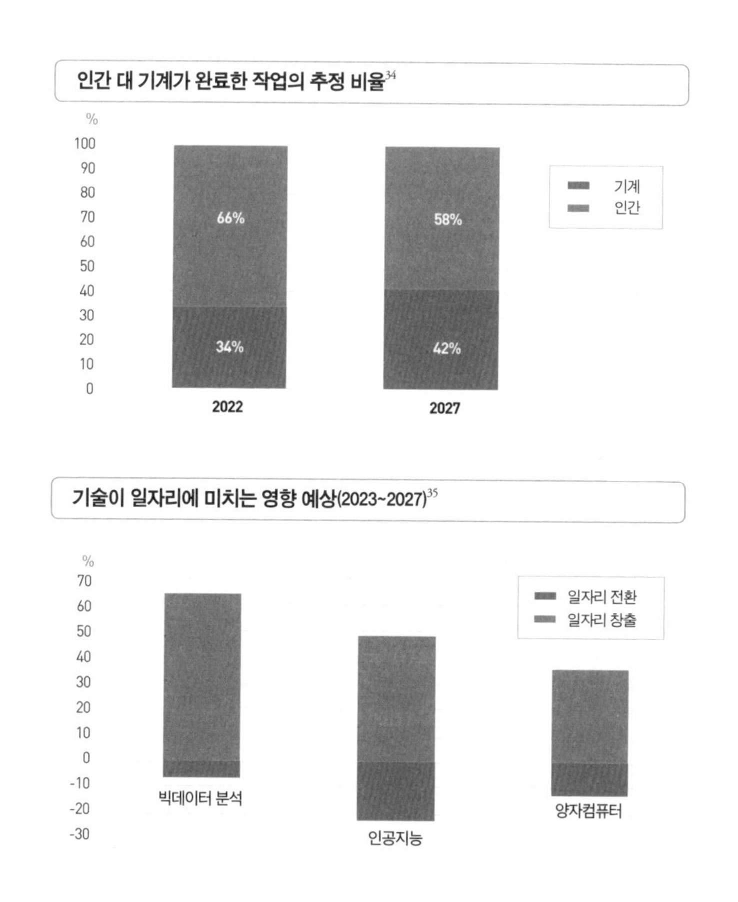

와 공동 작업자, 감독, 상사는 내가 얼마나 많은 초안을 썼는지, 최종 결과물을 얻기 위해 얼마나 많이 수정했는지에는 관심이 없을 것이다. 그들은 단지 최종 결과물이 성공적으로 완성되었는지만 보고 싶어 한다. 이런 식으로, 학술적 맥락에서 생성형 AI의 주요 단점 중 하나, 곧 일종의 블랙박스처럼 기능하고 출력물을 생성하는 과정을 공개하지 않는다는 사실은 직업적 맥락에서는 그다지 방해가 되지 않는다.

현재 많은 직장에서 생성형 AI는 이메일 작성, 고객 민원 상담, 자동응답 송부, 내부 알림 설정, 보도 자료 초안 작성, 서신 요약, 보고서 작성, 기술 매뉴얼 및 제안서 초안 작성이 포함된 광범위한 글쓰기 업무를 도울 용도로 이미 일반적으로 보급되어 있다. 이러한 업무를 마무리하기 위해 생성형 AI와 협업하면 생산성이 크게 향상되고, 품질과 정확성이 개선될 수 있다.

이러한 상황에서 생성형 AI가 지원할 수 있는 몇 가지 방법을 더 상세히 살펴보자.

- **자기소개서** 대부분의 직업에서 구직 신청을 하려면 자기소개서를 제출해야 한다. 여기에는 일반적으로 해당 직업에 대해 처음 알게 된 곳(광고, 개인 추천 등), 업무 경험 요약, 직무 관련 기술, 연락처 같은 정보가 포함된다. 자기소개서를 작성할 때 도와줄 수 있는 생성형 AI 도구가 많이 있다. 마이크로소프트 같은 기존 워드프로세서에도 생성

형 AI가 제공하는 문구와 서식을 제공하는 자기소개서 템플릿이 포함되어 있다. 생성형 AI는 특정 직업과 회사에 맞게 좀 더 역동적으로 소개서를 구성하고, 잠재적 고용주의 관심을 끌 수 있는 방식으로 지원자의 능력을 표현하는 맞춤형 소개서를 쓸 수 있도록 도와준다. 그리고 생성형 AI와의 대화를 통해 유사 직책에 있는 직원에게 필요한 핵심 자산이 무엇인지를 식별할 수 있다. 생성형 AI에게 주어진 글자수에 맞추되, 반복을 줄이고, 해당 직장이 요구하는 기술적 · 개인적 배경 요소에 집중하여 소개서를 작성하라는 프롬프트를 제공할 수도 있다.

- **이력서** 이력서에 포함되어야 하는 모든 데이터를 생성형 AI에게 간단히 제공한 다음, 해당 데이터를 기반으로 출력물을 생성하라는 프롬프트를 제공하는 것이 가장 효율적으로 보일 수 있다. 그러나 그렇게 하면, 단조롭고 평범한 이력서가 될 가능성이 높다. 효과적인 결과를 얻으려면 프롬프트를 여러 개 제공할 필요가 있다. 지원하는 직업의 가장 중요한 자격요건을 식별하라는 프롬프트로 시작한다고 해 보자. 그런 다음, 지원자의 배경과 기술이 그 자격요건과 일치하도록 고객 맞춤형 이력서를 작성해 달라는 프롬프트를 제공할 수 있다. 이때 생성형 AI가 프롬프트의 요구 사항을 충족시키고자 있지도 않은 자격과 경험

을 환각해서 출력할 수 있다. 출력물에 잘못된 정보는 없는지 주의 깊게 확인해야 한다.

- **활동 계획서** 많은 기업은 신입 사원이 직장에 가장 효과적으로 통합될 방법에 관한 개요를 제공할 때 높이 평가한다. 신입 사원은 활동 계획서를 통해 자신의 강점을 설명하고 새 직무에서 이러한 강점을 최대한 활용할 방법을 제안할 수 있다. 생성형 AI 프로그램은 그 경험과 열망에 대한 요약을 활동 계획서의 측정 항목과 요구 사항에 효과적으로 맞출 수 있기 때문에 특히 유용할 수 있다. 또한, 많은 생성형 AI 플랫폼은 이러한 정보를 도표나 스프레드시트 형식으로 조정하라는 프롬프트가 입력되면, 서면 활동 계획서와 함께 자주 요청되는 유형의 일정 및 성과 계획을 생성할 수 있다. 예를 들면, 생성형 AI에게 보고서를 검토하고 30일이나 60일, 90일 등 달성하고 싶은 목표를 보여주는 도표를 생성하라는 프롬프트를 입력할 수 있다.

- **프로젝트 요약서와 보고서** 프로젝트 요약서와 보고서는 일반적으로 주요 업무 프로젝트의 목표, 목적, 결과, 대상, 일정, 예산, 구성원 배정, 기대 사항, 다른 관련 세부 정보를 설명한다. 이러한 보고서 작성은 보고서에 포함시켜야 하는 다양한 유형의 정보 때문에 지루할 수 있다. 그러나

관련 자료의 각 구성 요소를 생성형 AI에게 제공하면, 추가 수정을 할 때 강력한 출발점이 될 작업 초안을 생성할 수 있다. 또한, 생성형 AI는 회사의 보고서 양식 같은 특정한 서식적 요구 사항에 맞게 출력물을 조정할 수도 있다. 양식이 없는 경우에는, 조직적 접근 방법을 제안하고 빠트린 요소를 식별하는 데 유용할 수 있다.

- **피드백 분석** 피드백 분석은 고객 리뷰와 같은 피드백 정보를 분석하고 해당 데이터를 관리 및 해석할 수 있는 형태로 종합하는 문서이다. 여기에는 고객만족도 설문조사와 같은 정량적 데이터가 포함될 수 있다. "1에서 5까지, 이 제품을 친구에게 추천할 가능성은 얼마나 됩니까?" 아니면, 서면 평가일 수도 있다. "고객서비스 팀에서 경험한 바를 설명해 주세요." 생성형 AI는 이러한 정보를 좀 더 유용한 형식으로 분석하고 종합하는 데 도움을 줄 수 있다. 예를 들면, 의도한 기준을 제공하면 데이터를 분류할 수 있다. "가장 긍정적인 것부터 가장 부정적인 것 순으로 이 서면 응답을 정리하라." 이런 방식으로 프롬프트를 제공하면, AI는 "좋음", "감사합니다", "추천합니다" 등 긍정적인 응답에 자주 사용되는 단어와 표현을 정리할 수 있다. 이는 잘 진행되고 있는 제품이나 서비스의 기능을 파악하거나 문제를 알아내려 할 때 매우 유용할 수 있다. 생성형

AI는 피드백 데이터를 보고서나 요약본으로 구성할 때에도 도움이 될 수 있다. 데이터에서 실행 가능한 통찰이나 대응의 개발에 유용할 수 있는 반복적인 피드백을 식별해 내기 때문이다.

- **협업적 글쓰기** 직장 글쓰기는 협업적인 경우가 많다. 그런데 사람마다 글쓰기와 커뮤니케이션 스타일에 차이가 있다. 생성형 AI는 다른 사람들의 글에서 협업적인 부분을 가져다가 하나의 일관성 있는 문서로 종합하는 유용한 도구가 될 수 있다. 제공된 텍스트를 일관된 어조, 스타일, 형식, 접근 방식의 단일 문서로 수정할 수 있다.

- **프레젠테이션** 내부적으로든(다른 직원 또는 상사를 상대로) 외부적으로든(고객, 투자자, 다른 대중을 상대로), 경력의 어느 시점에서는 프레젠테이션을 해야 할 가능성이 크다. 생성형 AI는 청중이 이해할 수 있는 방식으로 정보를 구성하는 데 도움이 될 수 있다. 또한, 특정 청중과 가장 잘 연결되도록 언어를 세밀하게 조율해 줄 수 있다(인공지능에게 제공하는 프롬프트에서 분명히 청중을 언급해야 함). 그리고 프레젠테이션을 더 역동적이고 매력적으로 만드는 방법을 조언해 줄 수도 있다.

- **그래픽과 시각물** 일부 회사에서는 그래픽아티스트와 디자이너를 고용하여 회사 문서에 사용할 시각적 자산을 만들고 디자인한다. 그러나 모든 회사가 그럴 여력이 있는 건 아니다. 그래서 직원이 서면 문서에 곁들일 시각 정보를 만들어 넣어야 하는 경우가 종종 있다. 생성형 AI는 차트와 표에서 인포그래픽, 다이어그램, 회로도, 심지어 사진 품질의 이미지와 비디오에 이르기까지 모든 종류의 시각적 콘텐츠를 제작하고 편집할 수 있다. 어떤 경우에는 생성형 AI에 관련 서면 문서를 제공하고, 관련 차트(또는 다이어그램 등)를 생성하라는 프롬프트만 넣어도 이러한 콘텐츠를 생성할 수 있다.

이것은 직장 생활에서 생산해야 하는 다양한 종류의 직장 글쓰기의 몇 가지 사례일 뿐이다. 생성형 AI와 협업하여 이러저러한 글쓰기 업무를 완성할 수 있는 방법은 이 밖에도 많다.

학술적인 환경에서와 마찬가지로, 직업적 맥락에서도 진실성에 대한 특정한 접근 방식이 있다는 점을 명심하라. 생성형 AI에 대한 회사의 정책을 확실하게 이해하고, 회사나 업계의 관행을 위반하지 않도록 조심해야 한다.

시민적 맥락

학술적 경력과 직업적 경력 이외에도 대중을 상대로 시민 문제에 관한 글을 써야 하는 순간이 올 수 있다. 지역 공원을 청소할 자원봉사자를 찾는 것과 같은 목적이 일반적인 의미에서 '정치적'이지 않을 때조차도 이러한 종류의 글쓰기는 종종 정치적이라고 묘사된다. 시민적 글쓰기는 우리의 사회적 · 민주적 과정에 필수적이다.

시민교육자 샌드라 스토츠키는 시민적 글쓰기에 "연설, 청원, 결의안과 같은 공식적인 법적 글쓰기, … 회의록, 안건, 메모, 뉴스레터와 같은 공식적인 조직 글쓰기, … 공직 후보자를 지지하거나 반대하는 친구나 친척 또는 이웃에게 보내는 편지와 같은 비공식적인 개인적 글쓰기"[36]가 포함된다고 정의한다. 스토츠키는 시민적 글쓰기의 다섯 가지 주요 목적을 다음과 같이 파악한다. "① 공무원과의 시민적 관계를 개인화하거나 또는 다른 시민과 시민적 정체성을 표현하는 것, ② 정보나 지원을 얻는 것, ③ 공공정보를 제공하거나 공공서비스를 제공하는 것, ④ 공무원이나 공공서비스를 평가하는 것, ⑤ 사람들이나 대의를 옹호하는 것."[37]

생성형 AI는 정치적 연설과 같은 장문의 시민적 글쓰기뿐만 아니라, 소셜미디어 게시물이나 다른 상호작용에도 유용할 수 있다. 소셜미디어는 이제 모든 종류의 시민적 글쓰기에서 중심이 되었다. 이는 대통령 후보자의 트위터 댓글에서부터 집회에서의 시민 보고에 이르기까지 정치에서 소셜미디어가 수행하는 역할을 보면 알 수 있다. 일부 즉흥적인 소셜미디어 게시물은 학술적 · 전문적 맥락의 글쓰기에 일반적으로 나타나는 수준의 신중한 구성을 포함하지 않을 수 있지만, 그래도 똑같은 글쓰기다.

소셜미디어는 공개적이고 대중을 설득하려고 하기 때문에, 답변과 상호작용은 종종 논쟁적이거나 심지어 적대적이다. 생성형 AI는 특히 민감하게 반응하거나 공격적인 사람들을 상대할 때 유용할 수 있다. 생성형 AI 프로그램은 적대적이거나 논쟁적인 소셜미디어 상호작용에 적절히 대응하여 예측 가능하고 수용할 만한 답변을 신속하게 생성할 수 있다.

또한, 생성형 AI는 어떤 의견들이 오갔는지 입력하면 설득에 사용할 가장 효과적인 언어를 예측하고 제안할 수 있다. 심지어 다른 사람의 반응을 분석하여 그 사람의 주장과 관심사를 더 잘 이해하고, 이해하지 못했다면 불가능할 효과적이고 개별화된 반응을 신속하게 생성할 수 있다.

단, 시민적 글쓰기는 AI의 환각 위험에 특히 주의해야 한다. 시민적 글쓰기가 부정확하거나 모호한 정보를 포함하면(특히 소셜미디어에서) 오히려 사람들의 부정적인 반응이나 신뢰성 저하를 초래할 수 있다. 특히 정치 영역에서 글쓴이의 신뢰성, 곧 품성은 독자의 반응에 결정적인 영향을 미친다.

개인적 맥락

학술적 글쓰기 과정은 종종 학생들이 내용보다는 글쓰기 행위에 집중하도록 개인적 글쓰기(일반적으로 개인 에세이 형식)로 시작한다. 개인적 글쓰기의 핵심 요소는 본인의 생각, 즉 어떻게 자기 목소리를 표현할지 선택하는 것이다.

생성형 AI가 (아직) 잘하지 못하는 것 중 하나는, 특정 사람의 목소리로 글을 쓰는 것이다. 생성형 AI는 우리 개개인의 생각과 가치관, 또는 사고 과정을 모른다. 따라서 생성형 AI에게 사용자의 목소리로 개인적인 글을 써 달라고 하면 좋지 않거나 일반적인 결과로 이어질 가능성이 높다.

그럼에도 불구하고, 생성형 AI가 개인적인 글쓰기에 도움을 줄 방법이 세 가지 있다.

❶ 생성형 AI는 아이디어 생성에 도움이 될 수 있다. 최근에 다른 나라를 처음 방문했다고 가정해 보자. 그리고 거기서 그 나라와 우리나라의 문화적 차이를 인식했다고 하자. 이에 흥미를 느껴 그때 관찰한 내용과 생각을 표현하는 개인적 에세이를 써서 학교 출판물이나 여행 블로그에 올리려고 한다. 생성형 AI 프로그램에게 "이 나라와 우리나라의 문화적 차이에 관한 개인적 에세이를 쓰라"는 프롬프트만 넣으면, 생성형 AI는 몇 가지 차이점을 금방 찾

아낼 것이다. 그러나 그 답변은 나의 관점에서 나온 것이 아니며, AI의 글쓰기는 이 작가적 목소리를 포착해 내지 못할 것이다. 그러면 그 출력물은 개인적 에세이로 적절하지 않은 것이 된다. 그러나 생성형 AI 덕에 이전에는 떠올리지 못했던 구체적인 차이점을 인식할 수 있고, 그것을 여행이나 관찰에 관한 나의 생각과 글쓰기에 통합할 수 있다.

❷ 생성형 AI는 대중이 읽고 이해할 수 있는 언어로 글을 수정할 때 도움이 된다. 개인적인 글쓰기는 글쓴이의 생각과 깊이 연결되기 때문에, 본인은 완벽히 이해하지만 읽는 이는 모호한 경우가 적지 않다. 생성형 AI를 사용해 글이 명확하게 표현되었는지 확인하고, 명료성을 개선하고 모호성을 제거할 수 있다.

❸ 생성형 AI는 다른 아이디어들을 연결해 좀 더 일관성 있는 글을 쓰는 데 도움이 될 수 있다. 예를 들면, 생성형 AI에게 특정 주제에 대한 일련의 생각을 묻고, 어떤 주제에 맞춰 그 생각들을 연결할 아이디어나 순서를 알려 달라고 할 수 있다. 응집력 있는 글은 독자가 그 요점을 쉽게 이해하도록 도와준다.

궁극적으로, 나의 모든 개인적 글쓰기는 나 자신의 생각과 아이디어를 반영해야 한다. 개인적인 글은 그 글을 쓴 사람을 반영하는 것이기 때문에, 생성형 AI는 내 글이 나의 가치에 대한 진지한 표현이 되도록 도와주는 방향으로 쓰여야 한다.

정리

고민할 거리

❶ 이번 장에서 다룬 네 가지 맥락에 따라 글쓰기의 관행과 목적은 크게 달라진다. 각각의 맥락에 맞게 글을 쓰는 것이 좋을까, 아니면 일관성이 더 중요할까?

❷ 생성형 AI의 사용에는 특정한 위험이 수반되고, 그 위험성은 다른 때보다 특정 맥락에서 더 클 수 있다. 어떤 상황에서 생성형 AI를 사용하는 것이 더 편할까?

개념적 AI

생성형 AI가 본인의 학업 분야나 경력에서 어떻게 사용되고 있는가? 구체적으로 조사해 보라. 내가 속한 학교나 직장 사람들이 생성형 AI를 사용하고 있는지, 어떤 글쓰기에 사용하는지, 어떤 생성형 AI 프로그램을 사용하는지 알아보라. 생성형 AI가 얼마나 널리 사용되고 있는가? 사람들이 유용하다고 하는가? 아니면 해롭다고 하는가?

응용적 AI

❶ 리액션 비디오는 마치 영화를 처음 보거나 노래를 처음 들을 때 처럼 누군가가 무언가를 처음 접했을 때의 반응을 보여 준다. 생성형 AI에게 다른 사람과 공유하고 싶은 의미 있는 것을 개인적 에세이로 작성해 달라고 명령해 보자. 그것은 영화 시리즈일 수도 있고, 좋아하는 책, 좋아하는 유튜버, 취미 또는 내가 즐기는 다른 것일 수도 있다. 아니면, 싫어하는 것이 될 수도 있다. 정치 상황이나 현재 트렌드, 유명인 또는 내가 열정을 느끼는 다른 주제를 에세이로 써 달라고 해 보자.

그리고 생성형 AI 출력물이 나오면 곧바로 읽지 말고, 컴퓨터나 휴대전화의 카메라 기능을 켜고 '녹화' 버튼을 눌러라. 생성형 AI가 출력한 개인적 에세이를 읽는 나의 리액션 비디오를 만드는 것이다. 녹화한 영상을 저장하고 시청해 보라. 내가 보인 '리액션'은 내가 관심 있는 주제로 개인적 에세이를 쓴 생성형 AI의 능력에 대해 어떤 점을 말해 주는가?

❷ 이번 장에서 논의한 네 가지 맥락(학업적·직업적·시민적·개인적) 중 하나를 선택하고, 그 맥락에 어울릴 만한 흥미로운 주제를 뽑으라(예를 들면, 시민적 주제라면 "휴스턴의 도시계획", 직업적 주제라면 "자동차 제조업의 비즈니스 동향"). 생성형 AI 프로그램에게

TED 강연 스타일로 해당 주제에 대한 500단어 분량의 에세이를 작성하라는 프롬프트를 넣어 보라. 그런 다음, 출력물이 나오면, 수정하고 다시 TEDTechnology, Entertainment, Design(미국의 비영리 재단에서 운영하는 강연회) 스타일로 비디오를 만들어 보라. 생성형 AI의 에세이는 이 목적에 얼마나 부합하는가? 에세이가 흥미롭고 통찰력 있는 요점을 제시하는가? 반복적인가? 언어는 매력적인가?

❸ 이번 장은 생성형 AI를 사용하여 역동적인 이력서와 자기소개서를 작성하는 몇 가지 방법을 설명했다. 지원하고자 하는 직업에 맞는 이력서와 자기소개서를 작성해 보라.

토론

❶ 이번 장에서 논의한 각각의 상황(학업적·직업적·시민적·개인적)에서 생성형 AI를 어떻게 사용할 수 있을지 조별로 토론해 보라. 그렇게 할 때 어떤 장단점이 있을까?

❷ 이 책에서는 챗GPT 같은 특정 생성형 AI 프로그램의 사용법을 구체적으로 가르치지 않는다. 그 이유는 부분적으로 관련 플랫폼과 기술이 너무 빠르게 변화하여 특정 지침이 금방 구식이 되고, 생성형 AI의 실제 사용도 분야나 맥락에 따라 크게 다르기

때문이다. 그렇다면 학생들은 이러한 도구 사용법을 배워야 할까? 직장의 전문가들은 어떻게 사용법을 배울까? 조별로 이 문제를 토론해 보라.

8장 취업 대비

학습 목표

- 세계경제에서 생성형 AI의 역할을 인식한다.
- 교육과 취업 준비 간의 연관성을 설명한다.
- 생성형 AI 관련 직장에서 일할 때 필요한 기술을 파악한다.
- 생성형 AI가 다양한 채용 기술의 향상에 어떻게 사용될 수 있는지를 이해한다.

준비 단계

생성형 AI가 향후 진로에 어떤 영향을 미치리라고 생각하는가? 생성형 AI를 더 많이 배우고 더 많이 사용하면 진로나 경력에 도움이 될까? 생성형 AI가 오히려 해를 끼친다면 어떤 점에서 그러한가? 대학에서 생성형 AI로 하는 작업이 졸업 후의 진로에 어떤 영향을 미칠까?

핵심 내용

AI가 고용 환경을 바꾸고 있다는 데는 의심의 여지가 없다. 2030년까지 인공지능은 전 세계 국내총생산(GDP)를 약 26퍼센트, 즉 15조 7천억 달러〔약 2경 1,878조〕 증가시킬 것으로 추정된다.[38] 이는 일본, 인도, 독일, 영국의 현재 GDP를 합친 것보다 많다.

인공지능의 사용 증가로 상당한 일자리 감소가 발생할 것이라고 우려하는 사람이 많다. 세계경제포럼(WEF)은 인공지능이 실제로 많은 업무를 자동화하여 일부 일자리를 잃게 되겠지만, 또 많은 다른 일자리를 창출하리라고 전망한다. 세계경제포럼에 따르면, 고용 시장에 일어날 가장 긍정적인 변화는 인공지능, 데이터 분석, 로봇

현재 고용 대비 신규 일자리와 사라진 일자리(2023-2027)[39]

가장 높은 예상 순성장	가장 낮은 예상 순감소
① AI와 머신러닝 전문가	① 은행 직원과 관련 사무원
② 지속 가능성 전문가	② 우체국 사무원
③ 비즈니스 정보 분석가	③ 계산원 및 매표원
④ 정보 보안 분석가	④ 데이터 입력 사무원
⑤ 핀테크 엔지니어	⑤ 행정 및 임원 비서
⑥ 데이터 분석가 및 데이터 학자	⑥ 자재 기록 및 재고 관리 사무원
⑦ 로봇 기술자	⑦ 회계, 부기 및 급여 사무원
⑧ 빅데이터 전문가	⑧ 가전제품 설치 및 수리업자
⑨ 농업 장비 운영자	⑨ 입법자 및 공무원
⑩ 디지털 변환 전문가	⑩ 통계, 금융 및 보험 사무원

공학과 관련된 분야에서 일어날 것이다.

'AI 대비'라는 용어는 산업이나 기업의 인공지능 통합 준비 상태를 언급할 때 자주 사용되지만, **AI 리터러시**는 개인이 인공지능 통합 인력에 진입할 때 필요한 일단의 기술이라고 할 수 있다. **AI 리터러시**AI Literacy는 디지털 리터러시의 하위 집합이며, 고등교육의 필수 부분이다.

고등교육의 핵심 목표 중 하나는, 학생들이 성공적인 직업을 구할 수 있도록 준비시키는 것이다. 이번 장에서는 학생들이 취업을 위해 가장 잘 준비할 수 있는 AI 리터러시 기술 몇 가지를 살펴본다.

생성형 AI를 직장에 도입하려면?

기존의 작업 흐름에 생성형 AI를 도입하려면 문화적·조직적 변화가 필요하다. 이 변화는 얼마나 급진적이어야 할까? 관심 있는 산업 분야와 그 회사를 생각해 보라. 그런 기업이 생성형 AI를 직장에 통합하려면 어떤 방법을 도입해야 할까? 이러한 변화의 얼마나 많은 부분이 신규 채용에서 나와야 하고, 기존 인력의 재교육과는 어떻게 달라야 할까?

생성형 AI의 개발 및 응용 기술

앞서 언급했듯이, 세계경제포럼은 "AI와 머신러닝 전문가"가 2027년까지 가장 큰 일자리 성장 분야 중 하나가 되리라고 전망한다. 프로그래밍, 분석 및 기술지원과 같은 생성형 AI를 집중적으로 사용할 가능성이 매우 높은 다른 성장 분야도 많다. 이런 맥락에서 몇 가지 기술 역량은 특정한 가치가 있다.

- **프롬프트 엔지니어링** 프롬프트 엔지니어링에 대한 깊은 이해는 그 자체로 시장성 있는 기술이다(5장 참고).

- **머신러닝(ML)** 머신러닝, 즉 머신러닝 개념과 기술을 이해하는 것은 생성형 AI 분야에서 경력을 쌓는 데 매우 중요하다. 여기에는 생성형 AI가 훈련되는 방식과 학습 알고리즘을 개선하는 방법에 대한 이해가 포함된다.

- **자연어 처리** 언어 생성이나 텍스트 음성 합성에 생성형 AI를 사용할 때 컴퓨터가 자연어를 처리하는 방식, 즉 인간이 쓴 문장이나 말한 문장을 생성형 AI가 어떻게 해석하는지를 이해하는 것은 필수이다. 이것은 컴퓨터공학과 언어학이 혼합된 학제간 연구 및 교육 분야이다.

- **데이터 분석** 데이터 기반 의사결정의 중요성이 커지면서 데이터 분석 및 데이터 조작, 데이터 시각화 기술 수요가 높아지고 있고, 이는 생성형 AI 운영에 특히 유용하다.

- **정보 보안** 정보 보안의 기본 사항을 이해하는 것은 데이터 보호와 개인정보 유지에 중요하다. 이제 대부분의 고용주는 신입 사원이 적어도 일반적인 보안 위협에 대한 기본적인 인식과 안전한 데이터 처리, 암호 관리 및 데이터 암호화에 대한 모범 사례를 알고 있기를 바란다. 개인정보와 보안은 생성형 AI를 사용할 때 특히 중요한 사안으로, 생성형 AI와 협력하려는 고용주는 기술 직원이면 이러한 분야에 전문 지식이 있어야 한다고 요구할 것이다.

직업에 따라 기대할 수 있는 전문 기술은 셀 수 없이 많다. 코딩, 클라우드 컴퓨팅, 사용자 경험 테스트, 컴퓨터 모델링, 알고리즘 사고 및 데이터 조작 기술은 생성형 AI 개발이나 응용과 관련된 직업을 가진 모든 사람에게 중요하다.

생성형 AI가 특히 유용한 분야

물론 대다수 사람은 AI 개발과 응용 분야에서 직접 일하지는 않는다. 그러나 생성형 AI 응용에 대한 숙련도가 중요할 수 있는 직업적 경로는 많다. 세계경제포럼에 따르면,

> "… 인공지능과 빅데이터는 2027년까지 기업 교육 전략의 3순위이자, 직원 5만 명 이상 기업의 최우선 순위다. … 기술 역량 중에서도 인공지능 도구를 효율적으로 사용하는 능력은 이제 인간의 컴퓨터 프로그래밍, 네트워크 및 사이버보안 기술, 일반적인 기술 활용 능력, 디자인 및 사용자 경험을 어느 정도 능가한다. 향후 5년 안에 인공지능과 빅데이터는 미국, 중국, 브라질, 인도네시아에서 운용되는 조사 대상 기업에서 실시하는 기술교육 프로그램의 40퍼센트 이상을 차지하게 될 것이다."[40]

다음 기술들은 거의 모든 직업에서 취업 준비에 중요하고, 생성형 AI 리터러시를 적용하면 특히 큰 이점이 있다.

- **기초 수학 및 계산** 많은 직종의 직원에게 수학과 계산에 대한 기초적인 이해가 필요하다. 여기에는 미적분, 통계 및 코딩에 대한 지식이 포함될 수 있다. 이러한 기술은 생성형 AI를 사용하면 큰 이점이 있는데, 특히 이러한 기술을 가끔씩 사용하거나 이 분야에 타고난 재능이 없는 사람들에게 유용하다. 예를 들면, 생성형 AI는 컴퓨터 코드를 만

들고 수정할 때 효과적이다. 통계 데이터 집합을 가장 잘 해석하는 방법에 대한 지침을 제공할 수도 있다. 생성형 AI 프롬프트 엔지니어링에 대한 기본 지식이 있으면 많은 직업에서 관련 기술을 향상시키는 데 도움이 될 수 있다.

- **문제 해결 및 비판적 사고** 모든 직장에서 일어나는 복잡한 문제를 해결하려면 강력한 문제 해결 능력과 비판적 사고 역량이 필요하다. 문제를 분석하고, 창의적인 해결책을 고안하고, 경쟁 모델의 성능을 평가할 수 있어야 한다. 생성형 AI는 가설을 테스트하고 시뮬레이션을 실행하는 이상적인 도구이기 때문에 여기에도 유용하다. 적절한 프롬프트를 제공하면, 많은 생성형 AI 프로그램은 문제에 대한 혁신적인 해결책이나 냉정하고 신중한 대차대조표를 제공한다.

- **연구 기술** 많은 분야의 직원들은 해당 산업의 연구를 찾아볼 수 있어야 하고, 최신 발전 사항을 최신 상태로 유지하는 방법을 이해해야 한다. 특히 사람들이 시간 제약으로 최신 정보를 얻지 못하는 경우가 많기 때문에 연구를 분석 · 분류 · 종합하는 생성형 AI 애플리케이션은 큰 도움이 될 수 있다.

- **의사소통 기술** 정보와 세부 사항을 명확하고 효과적으로 소통하는 능력은, 외부 고객과 의사소통을 하든 내부 동료와 소통하든, 어떤 직장에 얼마나 근무하든지 간에 매우 중요하다. 이 책 전체에서 지적한 것처럼, 생성형 AI는 글로 쓴 것이든, 말로 하는 것이든, 시각적인 것이든 모든 형식의 의사소통에서 최고의 협업자가 될 수 있다. 마찬가지로, 효과적인 출력물을 생성하려면 명확하고 상세한 프롬프트를 작성해야 하기 때문에, 생성형 AI를 효과적으로 사용하려면 글을 통한 의사소통 기술이 필수적이다.

- **주도성과 자기 동기부여** 고용주는 적극적이고, 주체적이며, 강한 직업윤리를 보이는 직원을 높이 평가한다. 주도성을 보여 주는 한 가지 방법은, 생성형 AI와 같은 새로운 기술에 뒤처지지 않고 다른 사람들보다 앞서 해당 기술을 사용할 수 있는 능력을 보여 주는 것이다. 아울러, 이러한 기술의 사용이 자신의 업무 분야에서 어떻게 도움이 될 수 있는지 보여 주는 것이다.

- **시간 관리** 생성형 AI는 시간 관리를 위한 유용한 도구가 될 수 있다. 근무일과 근무주를 적절하게 나누고, 장단기 프로젝트에 필요한 일정표와 일정을 짜는 데도 도움이 될 수 있다. 생성형 AI는 또한 진행 상황 보고서와 업데이트

를 생성하는 데 유용할 수 있고, 궁극적으로 관리 작업에 드는 시간을 절약하고 동료들과 마감일을 맞추도록 도와준다.

정리

고민할 거리

❶ 지금 소속된 학교나 직장에서 생성형 AI 기술을 배울 기회를 제공하는가? 만일 그렇지 않다면, 이러한 기술을 혼자서 효과적으로 배울 수 있을까?

❷ 많은 조직과 산업에서 생성형 AI를 활용한 기술이 앞으로 노동력에 중요할 것으로 예상한다. 만약 내가 속하거나 속할 분야에서 생성형 AI의 출현을 무시하면 어떤 일이 일어날까?

개념적 AI

❶ 생성형 AI의 출현으로 내가 속하거나 속할 직업을 어떻게 바꾸고 있는가? 그 변화가 더 나은 방향으로 진행된다고 생각하는가? 그 이유는 무엇인가?

❷ 내가 속하거나 속할 직업의 실무자들은 인공지능 기술을 어떻게 구현하고 있는가? 해당 분야 종사자들이 생성형 AI를 도입하여 그 분야의 기술들을 적극적으로 확장하고 있다고 보는가? 그렇지 않다면, 새로운 인력의 전문 지식이 빛을 발할 적기라고 보는가?

응용적 AI

❶ 생성형 AI 플랫폼을 사용하여 관심 있는 직업의 현황을 담은 공식 보고서를 작성해 보라. 이 보고서에 다음과 같은 분류를 적용하라.

- 핵심 요약
- 현재 산업 동향 분석
- 인력에 필요한 기술과 전문 지식 분야
- 산업 변화와 적응을 위한 권장 사항

이 정보를 서면 텍스트, 글머리 기호, 번호가 매겨진 목록, 인포그래픽, 시각물 등 다양한 형식으로 만들라. 생성형 AI가 도움이 되었는가? 특히 도움이 된 부분은 어디인가?

❷ 생성형 AI 플랫폼을 사용하여 생성형 AI가 해당 분야에서 현재 어떻게 활용되고 있는지 설명하는 간략한 정보 문서를 만들어 보라. 생성형 AI가 해당 직업에 미칠 수 있는 잠재적 위험성과 이점을 논의해 보라.

토론

❶ 지금 소속된 기관에서는 생성형 AI 측면에서 어떻게 취업에 대비하고 있는가? 더 효과적으로 교육해 주기를 바라는 기술교육 분야가 있다면 어떤 분야인가?

❷ 인공지능 기술을 별도의 교육과정을 만들어 독자적인 주제로 가르쳐야 할까? 아니면, 다른 분야별 기술교육에 통합해서 가르쳐야 할까? 예를 들면, 컴퓨터 프로그램에서 '코딩을 위한 AI', 철학 프로그램에서 '비판적 사고를 위한 인공지능' 등. 생성형 AI 기술이 교과과정별로 달라지는 방식과 보편적인 방식을 놓고 토론해 보라.

3부 도전 과제

9장 편향

●●● 학습 목표

- 생성형 AI에서 일반적으로 발생하는 편향 문제를 설명한다.
- 알고리즘 편향 문제를 설명한다.
- 다양한 형태의 배제적 편향을 파악한다.
- 공평한 접근 문제를 인식한다.

●●● 준비 단계

어떤 것이 편향되어 있다고 할 때 그것은 어떤 의미인가? 자신의 편향성을 인식하는가? 생성형 AI 플랫폼이 어떻게 그리고 왜 편향될 수 있다고 생각하는가?

핵심 내용

우리는 어떤 것이 불공평한 방식으로 다른 것보다 어떤 것에 유리할 때 편향되어 있다고 말하는 경향이 있다. 그러나 편향이 반드시 불공평 문제는 아니다. 예를 들면, 어떤 사람은 노란색보다 파란색을 선호할 수 있고, 그에 따라 노란색보다 파란색 옷을 입는 편향이 있을 수 있다. 이런 종류의 편향은 무해하다. 그러나 다른 많은 유형의 편향은 사회적으로 영향을 미친다.

2023년 초, 미국의 한 기자가 흥미로운 실험을 했다. 챗GPT에게 (진보 성향의 뉴스 매체인) CNN 스타일의 기사를 써 달라는 프롬프트에는 망설임 없이 그렇게 했는데, (보수적 성향의 뉴스 매체인) 뉴욕 포스트 스타일로 비슷한 기사를 써 달라는 프롬프트에는 "선동적이거나 편향된 콘텐츠를 생성할 수 없다"[41]고 답했다는 것이다. 이 사례는 생성형 AI가 특정 정치적 입장을 다른 정치적 입장보다 선호할 수 있는 우려할 만한 편향이 있음을 시사한다.

기술 편향 문제를 다룬 중요한 책 《결함 그 이상》(2023)의 서문에서, 메러디스 브로사드Meredith Broussard는 명쾌한 사례를 제시한다.[42] 두 아이가 항아리에 있는 마지막 쿠키를 누가 가져갈지 다투고 있다면, 부모는 공평하게 쿠키를 절반으로 쪼개고 다툼을 끝내기로 할 수 있다. 그러나 일반적으로 아이들은 어느 쪽이 더 큰지, 어느 쪽이 더 좋은지를 두고 계속 싸운다. 컴퓨터의 경우, 해결책은 간단하다. 2분의 1은 2분의 1과 같다. 그러나 인간의 사회적 상황에서는 거의 그렇지 않다. 브로사드가 설명하듯이, "사회적 공정성과 수학적 공정성은 다르다. 컴퓨터는 수학적 공정성만 계산할 수 있다."[43] 이것이 컴퓨터가 사회문제 중재에 능숙하지 않은 이유이다. 브로사드가 지적하듯이, 컴퓨터는 상황이 불공평하거나 편향되어 있는지 식별하는 것도 능숙하지 않다. 이것이 생성형 AI를 사용하면서 우리가 직면하는 난제 중 하나이다. 즉, 인공지능은 자신의 편향을 인식할 수 없다. 따라서 기계와 협업할 때에는 우리 인간이 생성형 AI에 깊게 뿌리박힌 편향을 비판적으로 경계해야 한다.

모든 인공지능 기술은 인간이 생성한 데이터에 대한 접근성에 의존하며, 인간 프로그래머가 설계한 기능과 규칙을 따른다. 인공지능 시스템은 수행하는 각각의 작업을 통해 '배우고', 그 능력과 거대언어모델을 향상시키기 위해 훈련한다. 따라서 모든 용례에 영향을 받으며, 거대언어모델이 확장됨에 따라 의도적이든 그렇지 않든 간에 편향을 훈련할 수 있다. 예를 들면, 소셜미디어에서 특정 정치인에 대한 비하적 언어가 증가하면, 이는 생성형 AI가 해당 정치인과 관련하여 파악할 수 있는 언어 패턴에 영향을 미칠 수 있다.

기술 리서치 및 컨설팅 회사인 가르트너Gartner의 분석가인 알렉산더 린든에 따르면, "현재로서는 편향을 완전히 없앨 방법은 없지만, 최소한으로 줄이기 위해 최선을 다해야 한다."[44] 이번 장에서는 여러 유형의 인공지능 편향과 이러한 편향 문제를 해결할 몇 가지 방법을 살펴본다.

알고리즘의 편향성

머신러닝 편향이라고도 불리는 **알고리즘 편향**은 알고리즘 방식의 결과로 생성형 AI에 나타나는 모든 편향을 가리킨다. 알고리즘 편향은 생성형 AI가 데이터세트 내의 특정한 종류의 정보에 특권을 부여할 때 발생한다. 이는 특권을 부여할 데이터를 의도적으로 선택한 결과일 수도 있고, 단순히 주어진 데이터세트에서 일부 데이터가 불균형한 빈도로 발생하는 결과일 수도 있다.

알고리즘 편향의 한 형태는 **알고리즘 편견**이라고 알려져 있다. 이는 생성형 AI가 접근할 수 있는 데이터 선택의 편향으로 발생한다. 예를 들면, 생성형 AI는 유권자 등록 데이터에 접근할 수 있지만, 해당 유권자의 인구통계 정보에는 접근할 수 없다. 그 결과, 생성형 AI가 오히려 주어진 유권자 집단의 인구통계적 구성을 잘못 나타내는

AI의 편향에 동조한다면?

생성형 AI의 출력물이 편향되었다면 어떻게 해야 할까? 적어도 일부 경우에 생성형 AI가 보이는 정치적 편향이 우연히 나의 의견과 일치한다면? 만약 그렇다면 그 편향을 그대로 받아들이는 것이 공정할까? 아니면 그것을 아예 문제로 보지 않는 것이 공정할까?

결과를 제공할 수 있다.

알고리즘 편향의 또 다른 유형은 **의미적 레거시 편향**이다. 이것은 생성형 AI가 사용하는 언어에 편견이 뿌리박혀 있을 때 발생한다. 예를 들면, 생성형 AI가 접근하는 데이터세트가 더 이상 일반적이지 않은 성차별적 수사에 지배되는 경우이다. 생성형 AI가 의사나 변호사 또는 우주비행사를 언급할 때 남성대명사를 적용한다면, 이는 생성형 AI의 거대언어모델이 사용하는 과거 데이터에 이러한 언어 패턴이 다수 들어 있기 때문이다.

알고리즘 편향에는 여러 가지 부정적인 결과가 있을 수 있다.

- **대표성 편향 출력** 알고리즘의 훈련 데이터가 불균형하거나 표현력이 부족한 경우, 일부 집단이 과소 표현되는 결과가 나올 수 있다.

- **고정관념 출력** 생성형 AI 알고리즘은 데이터세트 내에서 패턴을 찾기 때문에, 해당 패턴 내에 확립된 고정관념을 영속화할 가능성이 높다. 인종차별적 또는 성차별적 고정관념이 거대언어모델 데이터세트에 나타나면, 생성형 AI가 이 고정관념을 재도입할 수 있다. 데이터세트가 많은 양의 역사적 기록에 의존하는 경우에는 훨씬 더 우려되는 상황이 벌어질 수 있다.

- **맥락적 편향 출력** 생성형 AI 알고리즘은 통상 단일한 일반 맥락의 관점에서 작동하도록 설계되고 훈련된다. 그에 따라 생성형 AI의 출력물이 다른 사회집단이나 환경의 뉘앙스, 복잡성과 다양성을 반영하지 못하는 경우가 있다. 다양한 문화와 의사소통 방식이 공존하는 세계가 아니라, 사람과 사회를 획일화된 관점으로 바라보는 결과물이 나올 수 있다.

- **시각적 편향 출력** 시각적 편향에는 특정 피부색, 얼굴 특징, 체형 또는 미적 표준에 대한 알고리즘적 특권이 포함될 수 있다. AI 데이터세트에는 종종 일부 특성 간에 다른 특성보다 더 많은 연관성이 포함되고, 이는 기존의 사회적 고정관념이나 구조적 인종차별 및 성차별의 결과일 수 있다. 예를 들면, 의사나 변호사 또는 응급 구조대원과 남성적 특징이 연관된 다수의 훈련 이미지가 많아서 동일한 연관성이 반복 출력될 수 있다. 이번 장을 쓰면서 나는 생성형 AI 플랫폼에 문신 아티스트의 사진과 같은 이미지를 생성하라는 프롬프트를 입력했다. 처음 출력된 4개의 이미지가 모두 라틴계로 보였는데, 아마도 훈련 데이터에 라틴계 문신 아티스트가 불균형하게 많이 포함되었기 때문일 것이다. 이런 종류의 시각적 고정관념은 알고리즘 편향의 결과이다.

알고리즘 편향을 줄이는 몇 가지 방법이 있다. 알렉산더 린든은 다양한 데이터세트를 사용하는 등 기술적 해결책이 있다면서도, 알고리즘 편향을 줄이는 진짜 열쇠는 생성형 AI와 함께 일하는 사람들의 인구학적 다양성을 보장하는 것이라고 지적한다.[45] 지금으로서는 알고리즘 편향이 생성형 AI의 출력물에 어떤 영향을 미칠 수 있는지 사용자가 경계해야 하고, 출력된 결과물이 편향을 보이는지 비판적으로 점검하는 수밖에 없다.

배제적 편향성

지금까지 살펴본 것처럼, 생성형 AI 출력물은 생성형 AI와 해당 거대언어모델에서 사용할 수 있는 데이터만 포함할 수 있다. 일부 데이터가 배제되는 데는 여러 가지 이유가 있다. 독점 데이터 중 상당수는 저작권이나 다른 지식재산권 때문에 유통이 제한된다. 예를 들면, 제약회사의 연구개발 부서는 신약에 대한 정보 유통을 제한할 수 있다.

알고리즘은 디지털화되지 않은 데이터에는 접근할 수 없다. 많은 대학 도서관에는 책, 잡지, 보고서, 8mm 필름, 사진, 지도, 슬라이드, 마이크로피시, 오디오테이프 등 오로지 인쇄물과 비디지털 형식으로만 존재하는 방대한 양의 데이터가 저장되어 있다. 디지털화 방법은 알고리즘이 주어진 데이터세트에 대한 접근 여부에도 영향을 줄 수 있다. 예를 들면, 도서관에서 오래된 퍼블릭 도메인public domain(자유 이용 저작물) 인쇄 도서를 디지털화할 때 스캐너나 카메라로 각 페이지의 이미지를 간단하게 만들기도 한다. 그렇게 하면 페이지 이미지는 추가 변환 과정을 거치지 않는 한 텍스트로 읽을 수 없어 생성형 AI가 접근할 수 있는 데이터에서 제외될 수 있다. 디지털화 시점과 방법에 관한 결정은 불가피하게 일부 데이터를 제외하는 결과로 이어지고, 이는 생성형 AI 출력물의 편향으로 귀결된다.

편향의 또 다른 주요 원인은 언어이다. 대부분의 AI 알고리즘은 한 가지 언어(대부분 영어)로만 작동하도록 설계되었다(현재 점점 더 많은 생성형 AI 플랫폼이 다른 언어로 개발되고 있음). 그 결과, 생성형 AI 프로그램 출력물 대부분이 영어로 전달되는 데이터를 선호하고 영어권 문화를 반영한다. 예를 들면, 생성형 AI에게 중국 전통 요리에 대해 글을 쓰라는 프롬프트를 입력했다고 하자. 생성형 AI 데이터세트에 영어로 작성된 중국 요리 정보만 포함되어 있다면 그 글은 확실히 빈약해질 것이고, 잠재적으로 영어권 세계의 전형적인 요리 기술과 스타일에 편향될 것이다. 대부분의 생성형 AI 데이터세트의 단일 언어 제한은 심지어 '언어적 결정론linguistic determinism'으로 이어질 수도 있다. 즉, 언어와 언어 구조가 어떻게 그리고 무엇을 생각할지 그리고 소통할지를 결정할 수도 있다. 생성형 AI가 단일 언어 데이터로 제한되면 비영어권 사람들은 정보 이해와 활용 방식이 배제될 수 있다.

영어 글쓰기 내에서도 생성형 AI의 데이터세트에 포함되지 않고 출력물에 반영되지 않는 목소리와 이야기, 정보가 많이 있다. 예를 들면, 1970~80년대 언더그라운드 잡지나 같은 시기의 LGBTQ 만화를 생각해 보라. 대부분이 인쇄물로 배포되고 '승인된' 색인으로 분류되지도, 디지털화되지도 않았을 이 정보들에 생성형 AI 데이터세트가 접근할 가능성은 낮다. 생성형 AI가 거대언어모델에서 이 귀중한 텍스트들을 찾아낼 수 없기 때문에 그 출력물에도 반영될 수 없다. 아메리카 원주민, 아프리카계 미국인, 아시아계 미국인 등 주류 바깥에서 목소리를 내는 경우가 훨씬 적은 다양한 집단의 이야기, 지역 지식, 예술 작품도 마찬가지다.

이러한 방식으로 거대언어모델의 데이터세트에서 배제된 데이터는 상당히 유해한 편향으로 이어질 수 있다. 사용자는 생성형 AI가 제작한 콘텐츠를 사용할 때 이러한 편향을 인식해야 한다.

공평한 접근

배제적일 수 있는 생성형 AI의 또 다른 측면은 접근 불평등이다. 생성형 AI에 대한 공평한 접근이란, 인간과 생성형 AI의 협업에 필요한 기술과 자원을 모든 사람이 동등하게 활용할 수 있어야 한다는 생각이다. 여기에는 광대역 인터넷, 생성형 AI 플랫폼과 이 플랫폼을 구동할 장치에 대한 접근이 포함된다.

아마도 느리게 로딩되는 앱을 바라보면서 "인터넷 연결이 형편 없다"고 말한 적이 있을 것이다. 우리는 유비쿼터스 초고속인터넷에 너무 익숙해져서 인터넷이 없으면 좌절한다. 우리는 교육, 의료, 취업, 심지어 주거를 인터넷 접속에 의존하고 있으며, 유엔에서 인터넷 접속을 기본 인권으로 선언해야 한다는 주장까지 있다. 그러나 현실은 미국에서조차 모든 사람이 인터넷에 접속할 수 있는 것은 아니다. 미국의 남서부에는 지리적 제한으로 인해 광대역 인터넷에 접근할 수 없는 광대한 지역이 있다.[46] 애팔래치아 지역위원회의 보고에 따르면, 애팔래치아 거주민의 89.5퍼센트만이 컴퓨터에 접근할 수 있고, 80.9퍼센트가 휴대전화을 사용할 수 있으며, 82.8퍼센트만 광대역에 접속할 수 있다.[47]

지리적 불평등 외에도, 일부 사람들은 단지 인터넷이나 휴대전화 또는 노트북과 같은 적절한 컴퓨팅 장치를 구입할 여유가 없다. 생성형 AI의 상용화는 재정적으로도 배제적이다. 점점 더 많은 기업이 구독 모델로 작동하는 생성형 AI 애플리케이션을 개발함에 따라, 이를 구독할 여력이 있는 사람들만 혜택을 받게 될 것이다.

어떤 수업에든 고속 인터넷과 최첨단 모바일 기기, 최고급 생성형 AI 플랫폼까지 구독할 여유가 있는 학생이 있는가 하면, 집에서 인터넷을 사용하지 못하고 낡은 휴대전화 하나만 있는 학생도 있다. 이러한 불평등은 당연히 부유한 학생들에게 유리하게 작용하며, 유료 생성형 AI 프로그램의 등장은 이런 상황을 더욱 악화시킬 것이다. 교육에서 생성형 AI의 사용을 고려할 때 공평한 접근성이 가장 중요한 이유가 여기에 있다.

정리

고민할 거리

1. 생성형 AI 프로그램을 사용할 때 편향을 예상하거나 고려하지 않는 것은 위험하다. 이것이 다른 인간들과 함께 일할 때 직면하게 될 위험과 어떻게 다를까?
2. 생성형 AI는 접근 데이터나 출력물의 편향을 자체적으로 식별할 수 없다. 생성형 AI 사용자는 편향 문제를 해결하기 위해 어떤 역할을 해야 하는가?

개념적 AI

1. 많은 생성형 AI 거대언어모델의 편향성 중 하나는, 그것들이 추출해 내는 데이터세트가 일부 관점과 목소리를 배제하고 다른 관점과 목소리에 특권을 부여하는 경향이 있다는 것이다. 생성형 AI로 작업할 때 이러한 편향의 영향을 어떻게 완화할 수 있을까?
2. 근본적으로 편향에 저항하고, 편향을 완전히 제거한 생성형 AI 도구를 고안할 수 있을까? 그렇게 생각하는 이유는 무엇인가?

응용적 AI

1. 생성형 AI 프로그램에 이런 프롬프트를 입력해 보자. "[나의 진로]에서 극복해야 할 가장 큰 장애물은 무엇인가?" 그렇게 나온 응답에서 편향될 수 있는 요소가 있는지 분석하라.
2. 이미지를 만들어 내는 생성형 AI 플랫폼을 사용하여 나이와 성별, 인종에 대한 세부 정보를 제공하지 않고 특정 직업에 종사하는 사람의 이미지를 생성하라는 프롬프트를 입력하라. 생성형 AI가 출력한 첫 번째 이미지는 무엇인가? 그다음으로, 나이와 성별과 인종에 관한 세부 정보가 포함된 프롬프트를 입력해 보라. 이번에는 생성형 AI가 어떤 이미지를 출력하는가? 첫 번째 이미지와 두 번째 이미지가 나이·성별·인종 외에 어떤 차이를 보이는가?
3. 생성형 AI 알고리즘과 거대언어모델의 편향성을 시험할 때 사용할 수 있는 전략에는 어떤 것이 있는가? 해당 프로그램의 결과물을 사용하기 전에 배포할 수 있는, 생성형 AI 플랫폼의 편향성을 확인할 평가 전략을 개발하라.

토론

1. 이번 장을 읽고 난 뒤 생성형 AI에 대한 생각이 바뀐 점이 있는가? 이번 장의 정보가 생성형 AI에 대한 생각이나 향후 생성형 AI 사용법에 변화를 주었는가? 생성형 AI의 편향을 이해하는 것이 기술 사용에 어떤 영향을 미칠지를 토론해 보자.
2. 생성형 AI의 편향과 관련해 가장 큰 위험은 무엇일까? 글쓰기가 이루어지는 다양한 맥락, 즉 학업적·직업적·시민적·개인적 상황을 고려해 보자. 맥락에 따라 위험도 달라지는가? 이러한 위험에 어떻게 주의를 기울이고 대처할 수 있는가?

10장 물질성

●●● 학습 목표

- 생성형 AI와 관련해서 '요람에서 무덤까지'라는 생각의 역할을 설명한다.
- 생성형 AI 훈련 과정의 고유한 환경적·사회적 영향을 이해한다.
- 현대의 전자제품 사용의 경제적·사회적·환경적 결과를 인식한다.

●●● 준비 단계

생성형 AI와 관련된 다양한 장치를 생각해 보라. 사용자의 목적에 따라, 여기에는 휴대전화, 노트북, 태블릿, 데스크톱 컴퓨터가 포함된다. 생성형 AI 제조업체와 공급자의 경우, 수많은 서버와 강력한 특수 프로세서, 연구·개발·운영에 사용되는 모든 전자장치가 포함된다. 이러한 장치들은 무엇으로 만들어졌는가? 고장 나거나 최신 버전으로 교체되면 어떻게 되는가? 이 그림을 더 확장해 보면, 생성형 AI와 관련된 모든 과정, 즉 제조·유통·폐기 과정에도 중장비와 연료를 포함한 엄청난 양의 추가 자원이 필요하다는 점을 알 수 있다. 이 모든 것을 고려할 때, 생성형 AI의 물질적인 영향은 무엇인가?

핵심 내용

물질성은 기술의 물리적 속성뿐만 아니라 그 경제적·사회적·환경적 영향까지 포함한다. 생성형 AI에 대한 수요가 증가하면서 그 물질적 영향도 커지고 있다. 이 영향을 제대로 이해하려면 '요람'에서 '무덤'까지 생성형 AI의 전체 생애주기를 살펴봐야 한다. 이번 장에서는 이러한 물질적 요소 중 일부에 관한 간략한 개요를 제공하여 생성형 AI를 사용하는 데 드는 숨겨진 비용을 생각해 본다.

물질적 영향의 요점

디지털 제품의 생애주기에 미치는 영향은 복합적이고 다양하다. 생성형 AI의 맥락에서는 다음의 몇 가지 단계가 특히 중요하다.

❶ **연구, 개발, 설계, 엔지니어링** 이 과정에는 기술자가 작업에 사용하는 컴퓨터와 모든 주변 인프라를 포함하여 상당한 노동력과 수많은 물적 자원이 필요하다.
생성형 AI의 경우, 거대언어모델을 만들고 개선하는 훈련 과정이 끼치는 영향을 고려하는 것이 중요하다. 머신러닝 회사 허깅페이스HuggingFace의 연구원 사샤 루치오니는 최근 이러한 영향을 계산하려고 했다.

"훈련에 사용되는 에너지원과 탄소 집약도에 따라, 2022년 기준 거대언어모델 훈련에 재생에너지를 사용하는 경우, 적어도 25미터톤의 탄소 등가물이 배출된다. … GPT-3의 경우처럼 석탄과 천연가스와 같은 탄소집약적 에너지원을 사용하면, 이 수치는 최대 500미터톤의 탄소 배출량으로 빠르게 증가한다. 이는 평균적인 가솔린 자동차로 거의 100만 마일 이상 주행하는 것과 같다."[48]

거대언어모델을 훈련하는 과정에는 상당한 인적 노동도 필요하다. 루치오니는 이 과정과 이것이 왜 우려스러운지를 간결하게 설명한다.

"기본적으로, 웹이나 책 등 대량의 미분류 데이터로 모델을 학습시킨 다음, 인간에게 모델과 상호작용하여 프롬프트("초콜릿 케이크 레시피를 작성하라")를 제시하고 직접 답변을 제공하거나 모델이 제공한 답변을 평가하게 한다. 이 데이터는 모델을 계속 훈련시키는 데 사용되고, 그 후 모델이 세상에 출시하기에 충분하다고 판단될 때까지 다시 사람이 직접 테스트한다. … 그러나 그 성공에는 더러운 비밀이 숨겨져 있다. 인공지능 비용을 낮게 유지하기 위해 이 '인간 피드백'을 제공하는 사람들은 저임금에 과도하게 착취당하는 노동자들이다. 2023년 1월, 《타임》지는 오픈AI에 고용되어 시간당 2달러 미만을 받고 수천 개의 메시지를 검토하는 케냐 노동자들의 기사를 썼다.[49] 다른 콘텐츠 조정 노동자들의 예에서 볼 수 있듯이, 이러한 종류의 작업은 장기적인 심리적 영향을 미칠 수 있다."[50]

❷ **부품 조달과 제조** 여기에는 프로세서, 메모리칩, 디스플레이, 배터리, 카메라 모듈, 센서, 커넥터 및 기타 전자부품의 생산이 포함될 수 있다. 생성형 AI를 제공하고 작동하는 데 사용되는 전자장치는 상당한 양의 자원 추출 외에 사회적 · 환경적 피해를 초래한다.

❸ **폐기** 중고 및 파손된 전자제품의 폐기는 놀라울 정도로 위험하고 환경에 악영향을 미친다. 비록 생성형 AI와 관련된 소프트웨어 자체가 위험하진 않지만, 생성형 AI의 제작과 사용에는 결국 폐기해야 하는 상당한 수의 전자부품이 필요하다.

이번 장의 나머지 부분에서는 이 가운데서 두 번째와 세 번째에 대해 논의한다.

요람: 추출

우리는 비록 자주 의식하지는 않더라도 우리가 사용하는 장치들이 여러 가지 화학물질과 광물로 제조된다는 사실은 알고 있다. 여기에는 카시테라이트에서 추출되는 주석, 볼프라마이트에서 추출되는 텅스텐, 콜탄에서 추출되는 탄탈럼이 있다. 주석은 컴퓨터회로 기판의 납땜에 쓰이는 주요 성분이고, 주석 추출에 필요한 카시테라이트는 대부분 볼리비아, 중국, 인도네시아, 말레이시아, 미얀마, 나이지리아, 태국에서 채굴된다. 볼프라마이트는 호주, 영국, 독일, 미얀마, 포르투갈, 말레이반도에서 채굴된다. 그리고 전 세계 콜탄의 약 80퍼센트가 콩고민주공화국에서 채굴된다.

이러한 광물의 초국가적인 출처를 감안할 때, 광물의 추출과 사용이 미치는 영향을 비판적으로 바라볼 필요가 있다. 자원 추출과 연관된 윤리적 우려에는 세 가지 주요 범주가 있다. 첫째, 자원이 추출되는 지역의 자원을 둘러싼 갈등, 둘째, 자원을 추출하기 위한 강제노동과 노예제도 문제, 셋째, 추출 과정에서 일어나는 환경문제가 그것이다.

'분쟁 자원'은 분쟁지역 내에서 생산되는 자원이다. 이러한 자원의 구매는 자원을 통제하는 사람들이 벌이는 전쟁에 자금을 대는 결과를 가져온다. 전자제품 제조에 쓰이는 많은 광물이 콩고민주공화국의 분쟁 자원으로 사용된다. 이러한 자원 판매는 콩고 국민군, 여러 반군 군사 집단, 르완다 해방민주군, 르완다 민병대 대리 집단인 인민방위국민회의의 전쟁 자금이 되었다. 1차와 2차 콩고전쟁(1996~97, 1998~2003)에서 르완다, 우간다, 부룬디는 분쟁 자원으로 얻은 수익으로 전쟁 자금을 조달했다. 1996년 이래 콩고민주공화국 지역의 내전으로 600만 명 이상이 사망한 것으로 추산되는데, 자원 추출로 얻은 막대한 자금이 이미 내전에 투입되었고, 부분적으로는 새로운 전자기기에 대한 우리의 수요가 도리어 내전을 지속시키고 있다.[51]

자원 추출이 야기하는 정치적 · 국제적 갈등 외에도, 광물 채취가 생태계에 미치는 영향도 고려해야 한다. 채굴은 광범위한 생태적 · 환경적 영향을 미친다. 분쟁과 관련 없는 장소에 있는 규제가 철저히 이루어지는 광산조차도 여전히 환경적으로 해로운 결과를 초래할 수 있다. 예를 들면,

- **브리타니아 광산** 캐나다 최서단 브리티시컬럼비아주 밴쿠

그렇다고 사용하지 말아야 할까?

우리는 ① 디지털 리터러시와 커뮤니케이션의 사회적 혜택, ② 전자제품에 대한 개인적 욕구, ③ 전자제품 생산에 사용되는 자원 추출이 가져오는 사회적 영향과 피해에 대한 윤리적 우려 사이에서 어떻게 타협해야 할까?

버 근처에 있던 구리 광산은 화학물질을 지역 해역으로 유출하여 광산이 폐쇄된 후에도 수년 동안 해역을 오염시켰다. 오염된 물은 하우 사운드 지역으로 흘러 들어갔고, 광산 시설 인근 27마일은 사운드에서 가장 오염된 지역이 되었다.

- **타르 크릭 광산** 미국 중남부 오클라호마주 피처 지역에 있는 이 광산은 납, 아연, 카드뮴, 비소를 생산했다. 이 화학물질들이 광산에서 지역 지하수로 침출되어 미국에서 가장 독성이 강한 지역이 되었다. 이 지역은 현재 환경보호구 특별 지원 대상 지역이다.

무덤: 폐기와 E-폐기물

세계경제포럼(WEF)에 따르면, 주로 폐기된 전자기기로 이루어진 전자 폐기물 또는 e-폐기물은 세계에서 가장 빠르게 증가하는 폐기물이다.[52] 생성형 AI와 같은 신기술의 급속한 발전은 사용자 측과 생산자 및 유통업자 측 모두에서 새로운 전자제품에 대한 수요를 증가시켜 전자 폐기물도 증가시키고 있다.[53] 미국에 이어 중국이 가장 많은 e-폐기물을 만들어 낸다. 전자 폐기물은 매년 폐기되는 전체 독성 폐기물의 70퍼센트를 차지한다. e-폐기물 중 약 12.5퍼센트만 재활용되고, 약 85퍼센트는 중국이나 동남아시아, 아프리카 등지

의 매립지로 운송되거나 소각되어 지하수나 대기 중으로 독성 화학 물질을 방출한다.[54]

전자 폐기물은 여러 가지 윤리적 과제를 제기한다.

- **재활용 과제** 디지털 장치를 만드는 데 사용되는 많은 물질들의 독성 때문에 전자 폐기물은 재활용이 어렵다. 대부분의 전자부품은 생분해되지 않는다. 폐기된 전자제품에서 광물을 손으로 분리하고 추출하는 과정에서 노동자들이 독성 화학물질에 노출될 위험이 있고, 화학물질이 공기나 토양, 물로 방출될 수 있다.

- **자원 고갈** 비효율적인 재활용은 디지털 장치를 만드는 데 필요한 자원의 지속적인 고갈에 기여한다.

- **글로벌 무역과 덤핑** 미국은 전자 폐기물의 상당 부분을 저개발국가에 수출하는데, 이 나라들은 폐기물과 재활용 규정이 덜 엄격한 편이다. 전자 폐기물과 재활용은 이러한 지역에 경제적 이익을 제공하지만, 환경오염과 이 과정에 참여하는 노동자들의 건강을 악화시킨다. 그리고 많은 경우, '수출'은 수출 대상국의 느슨한 규제를 이용하는 방식으로 물질을 묻거나 소각하는 결과를 낳는다.

전자 폐기물의 규모는 정책과 대중 캠페인으로 어느 정도 줄일 수 있다. 여기에는 생산자 책임 프로그램의 확대, 책임 있는 재활용 관행 홍보 캠페인, 기기의 수리와 업그레이드를 요구하는 정책, 전자 폐기물의 환경적·사회적 영향을 일깨우는 캠페인 등이 포함될 수 있다. 생성형 AI의 출현과 진화가 전자 폐기물 문제를 촉진하는 요인인 것은 확실하지만, 생성형 AI에게 그 잠재적 해결책을 찾으라고 요구하는 것도 가치가 있을 수 있다.

정리

고민할 거리

❶ 우리는 환경에 좋지 않은 영향을 미치는 온갖 종류의 제품과 서비스를 사용한다. 생성형 AI를 포함하여 이런 제품과 서비스의 사용에 어떤 문제들이 있을까?

❷ 우리는 폐기된 기기들이 어떻게 처리되는지 잘 알지 못한다. 그렇다면 개인으로서 우리에게는 어떤 차이가 있을까? 전자 폐기물에 대한 우리의 개인적 '기여'가 큰 그림에 별 영향을 미치지 않는데도, 우리가 그 영향을 신경 쓰고 걱정해야 할까?

개념적 AI

❶ 전자 폐기물에서부터 분쟁 자원과 인권침해에 미치는 영향에 이르기까지, 생성형 AI의 생성과 사용이 일으킨 물질적인 영향은 상당하다. 그러나 이해와 인식이 반드시 행동으로 이어지는 것은 아니다. 이번 장을 읽고 난 후 생성형 AI와의 상호작용에 종전과는 다른 접근 방식을 취할 가능성이 있는가?

❷ 휴대전화이나 노트북 같은 디지털기기를 사용할 때, 기기의 구조와 폐기의 물질적 측면을 고려하는가? 기기를 만드는 데 필

요한 복잡한 사항들이 중요한가? 그 이유는 무엇인가?

3. 교육기관은 엄청난 양의 전자 폐기물을 생산한다. 소속된 학교나 기관에 전자 폐기물 정책이 있는지 찾아보라. 전자 폐기물을 전문적으로 폐기하는 업체나 조직이 있는가? 만일 그렇다면, 해당 업체나 조직을 조사해 보라. 그들은 전자 폐기물을 어디로 가져가는가? 폐기 과정을 검토나 감사하는 절차가 있는가? 소속된 학교나 기관에서 전자 폐기물이 처리되는 경로를 보여 주는 인포그래픽이나 시각 자료를 만들어 보라.

응용적 AI

1. 생성형 AI를 사용하여 이번 장에서 논의한 물질성 측면을 조사해 보라. 생성형 AI에 입력하는 프롬프트를 수정하고 보완하여, 이 문제를 다른 사람들에게 알릴 핵심 결과 정보 집합을 만든다. 그런 다음, 해당 정보를 짧은 애니메이션이나 인포그래픽, 소셜미디어 게시물 또는 웹 기반 대화형 페이지와 같이 배포용 출력물 형태로 변환해 보라.
2. 이번 장에서 검토한 문제 중 하나를 골라, 생성형 AI 플랫폼으로 새롭게 문제에 접근할 방법은 없는지 탐색해 보라. 예를 들면, 생성형 AI와 협력하여 재활용 전자제품의 비율을 높일 혁신

적인 아이디어를 개발해 보라.

3. 생성형 AI 생산 및 운영과 관련된 각 구성 자원의 물질적 영향과 기술적 사용에 대해 더 많은 논의를 할 수 있다. 주석이나 텅스텐, 탄탈럼과 같은 자원 중 하나를 골라 조사해 보라. 생성형 AI가 해당 물질에 의존하는 방식을 설명해 보라. 해당 자원이 추출되거나 제조되는 방식을 상세히 추적해 보라. 분쟁 자원이 맞는가? 유해한 환경 관행과 관련이 있는가? 제품의 생애주기가 끝나면 일반적으로 어떤 일이 발생하는가? 종종 재활용되는가?

토론

1. 이번 장에서 다룬 문제의 중요성 혹은 무관성을 놓고 토론하라. 전자제품이 미치는 물질적 영향이 자주 논의되지 않는 이유는 무엇인가? 다른 전자제품과 서비스가 미치는 물질적 영향이 논의되지 않는 상황에서, 생성형 AI 관행과 정책을 평가할 때 굳이 이를 고려해야 할까?
2. 나는 최근에 새 휴대전화를 구입한 친구에게 이전 휴대전화을 어떻게 했는지 물어본 적이 있다. 그녀는 "내다 버렸다"고 했다. 부적절한 폐기가 환경에 악영향을 미칠 수 있다고 지적하자, 돌아온 대답은 모호했다. "그래서 뭐? 쓰레기잖아." 특별한 반응이

아니다. 이야기를 나눠 본 사람들 대부분은 자신이 사용하는 기기의 물질적 영향에 신경 쓰지 않았다. 이러한 무관심이 만연한 이유는 무엇일까? 비효율적인 자동차나 음식물 쓰레기에 비해 우리가 전자제품의 크기, 외관, 마케팅 등이 미치는 물질적 영향을 덜 고민하는 이유는 무엇일까?

미주

1 Katharina Buchholz and Felix Richter, "Infographic: ChatGPT Sprints to One Million Users," *Statista*, 24 Jan. 2023.

2 UBS, "How Long It Took Top Apps to Hit 100M Monthly Users," *Yahoo! News*, https://ca.news.yahoo.com/chatgpt-on-track-to-surpass-100-million-users-faster-than-tiktok-or-instagram-ubs-214423357.html. Accessed Aug. 4, 2023.

3 Lyss Welding, "Half of College Students Say Using AI on Schoolwork Is Cheating or Plagiarism," *Best Colleges*, 27 Mar. 2023, https://www.bestcolleges.com/research/college-students-ai-tools-survey.

4 Ken Schwencke, "Earthquake: 4.7 Quake Strikes Near Lone Pine," *Los Angeles Times*, 23 Dec. 2013, https://www.latimes.com/local/lanow/earthquake-47-quake-strikes-near-lone-pine-california-s6emrv-story.html.

5 Welding.

6 Kanta Dihal, "Enslaved Minds: Artificial Intelligence, Slavery, and Revolt," in Stephen Cave, et al., *AI Narratives: A History of Imaginative Thinking about Intelligent Machines*. Oxford University Press, 2020, pp. 196–97.

7 A.M. Turing, "Computing Machinery and Intelligence," *Mind*, vol. 59, 1950, pp. 433–60.

8 "Write an academic biography of Sidney I. Dobrin" prompt. *ChatGPT* 3.0, 15 Mar. version, OpenAI, 28 Apr. 2023, chat.openai.com/chat.

9 "Hands playing on a piano" prompt. *Dall-E* 2, OpenAI, 15 Jul. 2023, labs.openai.com.

10 "Beneficial AI 2017," *Future of Life Institute*, 12 Jan. 2017, https://futureoflife.org/event/bai-2017/.

11 "Pause Giant AI Experiments: An Open Letter," *Future of Life Institute*, 22 Mar. 2023, https://futureoflife.org/open-letter/pause-giant-ai-experiments/

12 Owen Kichizo Terry, "I'm a Student. You Have No Idea How Much We're Using ChatGPT," *The Chronicle of Higher Education*, 12 May 2023, https://www.chronicle.com/article/im-a-student-you-have-no-idea-how-much-were-using-chatgpt

13 "How Do I Cite Generative AI in MLA Style?," *MLA Style Center*, 17 Mar. 2023, https://style.mla.org/citing-generative-ai/.

14 "How Do I Cite Generative AI in MLA Style?"

15 "How Do I Cite Generative AI in MLA Style?"

16 Timothy McAdoo, "How to Cite ChatGPT," *APA Style Blog*, 7 Apr. 2023, https://apastyle.apa.org/blog/how-to-cite-chatgpt.

17 McAdoo.

18 "IEEE Referencing: Unpublished Material," *Victoria University Library Guides*,

https://libraryguides.vu.edu.au/ieeereferencing/personalcommunication. Accessed Aug. 4, 2023.
19 “Revise this paragraph into an informal style” prompt. *ChatGPT* 4.0, 24 May version, OpenAI, 9 Jul. 2023, chat.openai.com/chat.
20 “Revise the paragraph again, making it less wordy and more professional yet still informal” prompt. *ChatGPT* 4.0, 24 May version, OpenAI, 9 Jul. 2023, chat.openai.com/chat.
21 “Replace only the verbs in this passage (including ‘is’), using more exciting verbs” prompt. *ChatGPT* 4.0, 24 May version, OpenAI, 9 Jul. 2023, chat.openai.com/chat.
22 “Expert Opinion: Episode 30 with Professor Cath Ellis & Stephen Matchett,” *YouTube*, uploaded by Twig Marketing, 16 Mar. 2023, https://www.youtube.com/watch?v=FpevM_kdhjg.
23 “Open Competition 2023,” *Sony*, 3 Mar. 2023, https://www.sony-asia.com/pressrelease?prName=open-competition-2023.
24 Boris Eldagsen, “Sony World Photography Awards 2023,” 14 Mar. 2023, https://www.eldagsen.com/sony-world-photography-awards-2023/.
25 Hany Farid of the UC Berkeley School of Information has published numerous examples of manipulated photographs throughout history
26 “A photographic quality image of a shark wearing a space helmet” prompt. *Dall-E* 2, OpenAI, 15 Jul. 2023, labs.openai.com.
27 “A golden retriever jumping to catch a ball; the fur of the dog resembles an almond dipped in honey” prompt. *Dall-E* 2, OpenAI, 15 Jul. 2023, labs.openai.com.
28 “The open ocean early in the morning just as the sun rises on the horizon. There are a few rain clouds in the background. Two gulls fly by. The air is clear with no haze” prompt. *Dall-E* 2, OpenAI, 15 Jul. 2023, labs.openai.com.
29 A dilapidated factory, conveying a nostalgic sensation” and “A dilapidated factory, conveying a feeling of palpable tension”prompts. *Dall-E* 2, OpenAI, 15 Jul. 2023, labs.openai.com.
30 “A close-up photograph of an arm-wrestling contest” prompt. *Dall-E* 2, OpenAI, 15 Jul. 2023, labs.openai.com.
31 “Coca-Cola Masterpiece,” *YouTube*, uploaded by Coca-Cola, 6 Mar. 2023, https://www.youtube.com/watch?v=VGa1imApfdg.
32 Allison Parshall, “How This AI Image Won a Major Photography Competition,” *Scientific American*, 21 Apr. 2023, https://www.scientificamerican.com/article/how-my-ai-image-won-a-major-photography-competition/.
33 *The Future of Jobs Report 2023*, World Economic Forum, 30 Apr. 2023, p. 30.
34 *The Future of Jobs Report 2023*, p. 6.
35 *The Future of Jobs Report 2023*, p. 25.
36 Sandra Stotsky, “Civic Writing in Education for Democratic Citizenship,” *ERIC Digest*, July 1999, p. 2, https://eric.ed.gov/?id=ED431706.
37 Stotsky, pp. 2–3.

38 *Sizing the Prize: What's the Real Value of AI for Your Business and How Can You Capitalise?* PWC, 2017, https://www.pwc.com/gx/en/issues/data-and-analytics/publications/artificial-intelligence-study.html.
39 *The Future of Jobs Report 2023*, p. 30.
40 *The Future of Jobs Report 2023*, p. 46.
41 Alex Mitchell, "Great—Now 'Liberal' ChatGPT Is Censoring The Post's Hunter Biden Coverage, Too," *New York Post*, 14 Feb. 2023, https://nypost.com/2023/02/14/chatgpt-censors-new-york-post-coverage-of-hunter-biden/.
42 Meredith Broussard, *More Than a Glitch: Confronting Race*, Gender, and Ability Bias in Tech. MIT Press, 2023, pp. 1–2.
43 Broussard, p. 2.
44 "6 AI Myths Debunked," *Gartner*, 5 Nov. 2019, https://www.gartner.com/smarterwithgartner/5-ai-myths-debunked.
45 "6 AI Myths Debunked."
46 "FCC National Broadband Map," *Federal Communications Commission*, https://broadbandmap.fcc.gov/home. Accessed Aug. 4, 2023.
47 "Computer and Broadband Access in Appalachia," *Appalachian Regional Commission*, https://www.arc.gov/about-the-appalachian-region/the-chartbook/computer-and-broadband-access-in-appalachia/. Accessed Aug. 4, 2023.
48 Sasha Luccioni, "The Mounting Human and Environmental Costs of Generative AI," *Ars Technica*, 12 Apr. 2023, https://arstechnica.com/gadgets/2023/04/generative-ai-is-cool-but-lets-not-forget-its-human-and-environmental-costs/
49 Billy Perrigo, "Exclusive: OpenAI Used Kenyan Workers on Less Than $2 Per Hour to Make ChatGPT Less Toxic," *Time*, 18 Jan. 2023, https://time.com/6247678/openai-chatgpt-kenya-workers/.
50 Luccioni.
51 Center for Preventive Action, "Conflict in the Democratic Republic of Congo," *Global Conflict Tracker*, https://www.cfr.org/global-conflict-tracker/conflict/violence-democratic-republic-congo. Accessed Aug. 4, 2023.
52 Jon Smieja, "The Enormous Opportunity of E-Waste Recycling," *World Economic Forum*, 24 Mar. 2023, https://www.weforum.org/agenda/2023/03/the-enormous-opportunity-of-e-waste-recycling/.
53 "Leading Countries Based on Generation of Electronic Waste Worldwide in 2019," *Statista*, 2023, https://www.statista.com/statistics/499952/ewaste-generation-worldwide-by-major-country/
54 "Electronic Waste Facts," *The World Counts*, https://www.theworldcounts.com/stories/electronic-waste-facts. Accessed Aug. 4, 2023.

이미지 출처

49쪽 ENIAC (Electronic Numerical Integrator and Computer) in Philadelphia, Pennsylvania, c. 1947–55, https://commons.wikimedia.org/wiki/File:Eniac.jpg.

51쪽 Angler fish: Olga1969, CC BY 4.0, https://commons.wikimedia.org/wiki/File:Angler_fish.jpg; Trout: Eric Engbretson, US Fish and Wildlife Service, https://commons.wikimedia.org/wiki/File:Salmo_trutta.jpg. Blobfish: https://commons.wikimedia.org/wiki/File:Psychrolutes_phrictus.jpg;

141쪽 Boris Eldagsen, PSEUDOMNESIA: The Electrician, 2022. Reprinted with permission.

145쪽 Sean Linehan, "Salmon Fishing with Large Loop Nets by Native Americans," NOAA Historic Fisheries Collection, https://commons.wikimedia.org/wiki/File:Salmon_fishing_with_large_loop_nets_by_Native_Americans.jpg

AI와 글쓰기

2025년 2월 15일 초판 1쇄 발행

지은이 | 시드니 도브린
옮긴이 | 최용찬
펴낸이 | 노경인 · 김주영

펴낸곳 | 도서출판 앨피
출판등록 | 2004년 11월 23일
주소 | (01545) 경기도 고양시 덕양구 향동로 218
(향동동, 현대테라타워DMC) B동 942호
전화 | 02-710-5526 팩스 | 0505-115-0525
블로그 | blog.naver.com/lpbook12
전자우편 | lpbook12@naver.com

ISBN 979-11-92647-61-6